每天的生活，都是靈魂的精心創造

You create your own reality.

每天的生活，都是靈魂的精心創造

You create your own reality.

You create your own reality.

每 天 的 生 活 ， 都 是 靈 魂 的 精 心 創 造

賽斯心法6

信念

——《個人實相的本質》讀書會2

主講——許添盛
文字整理——李宜懃
總編輯——李佳穎
責任編輯——管心
編校——張郁琦
美術設計——唐壽南
版面構成——黃鳳君
發行人——許添盛
出版發行——賽斯文化事業有限公司
地址——新北市新店區中央七街26號4樓
電話——22196629
傳真——22193778
郵撥——50044421
版權部——陳秋萍
數位出版部——李志峯
行銷業務部——李家瑩
網路行銷部——高心怡
法律顧問——北辰著作權事務所
印刷——鴻柏印刷事業股份有限公司
總經銷——吳氏圖書股份有限公司
地址——新北市中和區中正路788-1號5樓
電話——32340036　傳真——32340037
2019年4月1日　初版一刷
售價新台幣350元（缺頁或破損的書，請寄回更換）

ISBN 978-986-97130-5-4
賽斯文化網站http://www.sethtaiwan.com

Beliefs : Introduction to " The Nature of Personal Reality "Vol. 2

信念

《個人實相的本質》讀書會 2

許添盛醫師◎主講
李宜勳◎文字整理

關於賽斯文化

發行人 許添盛醫師

我是個腳踏實地的理想主義者。賽斯文化，是為了推廣賽斯心法及身心靈健康理念而成立的文化事業，希望透過理性與感性層面，召喚出人類心靈的「愛、智慧、內在感官及創造力」，讓每位接觸我們的讀者，具體感受「每天的生活，都是靈魂的精心創造」（You create your own reality）。我們計畫出版符合新時代賽斯精神之書籍、有聲書、影音商品及生活用品，並提攜新進的身心靈作家，致力於賽斯思想及身心靈健康觀念的推廣，期待與大家攜手共創身心靈健康新文明。

信念

《個人實相的本質》讀書會2

Beliefs : Introduction to "The Nature of Personal Reality" Vol. 2

目錄

第14講

第20講

第11講

11-1

身體由快速移動的粒子組成，能量以不可思議的方式在其中不停轉換

（《個人實相》第三十六頁第七行）我們體內的原子不停地來回穿梭，肉身之中不斷有著各種大大小小的活動與騷動。這時候看起來實質得不得了的肉身，原來是由快速移動的粒子——它們通常是彼此相互繞著打轉——所組成，在其中，能量以一種不可思議的方式不停地轉換。

為什麼我們要學這個東西？因為疾病就是一種暫時的流動現象，萬物都在流動，河水在流動，我們的身體也不斷在流動變化，進行物質交換，新陳代謝。所謂有進有出，再進不難；有進無出，便秘痛苦；只出不進，腹瀉難過。生命、婚姻、親子關係都是流動的現象，流動就是變化，變化就是創造，沒有什麼是固定不變的，能量以不可思議的方式不停地轉換。

在我們身體之外的「空間」，其基本構成的材料與組成我們身體的材料相同，有所不同的只是「比例」而已。原子分子構成了空間，也組成我們的身體，差別只在於比例，也就是疏密度不同。例如風能吹過薄紗的衣服，因為風的分子比衣服小，而靈體的原子分子很鬆，對靈體而言身體是空的，所以可以穿過人的肉體。基本上，我們的身體與外面的空間只是比例不同。

每個人的身體時時刻刻都與外在環境互動，沒有分開

這個「空間」與那個我們稱為「身體」的東西之間，有著持續不斷各種實質的「交換」行為在發生，這種互換包括了化學的交互作用以及各種基本的互換。若無這種交換，我們所謂的「生命」根本就不可能存在。我一直認為皮膚病與情緒絕對脫不了關係，為什麼情緒會衍生出皮膚病呢？因為很多人的情緒到了皮膚就往回縮，或是他們的情緒與外界之間有非常大的反差，在表達情緒後，心中恐懼不安，會自責且有罪惡感，就像有些媽媽罵完小孩自己更難過。這種表達的衝突和矛盾造成了在皮膚的界限無法平順地交換。

人不呼吸就會死。在我們的肉體覺受中，「呼吸」是我們最切身、最不可或缺的一種，而它必須從「所謂的我」之內向外排到「看來似乎不是我」

的外界空間中去才行。下次看到偶像時，不是請他簽名，而是請他呼一口氣，然後用塑膠袋裝起來放在密閉的盒子裡，那一口氣就是他的一部分，比簽名更實在。

我們每個人吸進氧氣，在身體裡面經過了小循環、大循環、經過了肺、手指頭、腳指頭，繞了一圈排出二氧化碳，所以呼出的那一口氣正是自己的延伸。只要我坐在一個地方一會兒，周遭的空氣就成為我的延伸。因此，我們跟旁邊的人一直在交換著原子分子，這就是佛家說的眾生一體。

希望這些角度能讓大家開始用完全不一樣的思維看待身體，以及我們的存在與環境之間的關係，試著理解我們與外在環境並沒有分開，而且我們時時刻刻都在跟外界互動。

11-2

呼吸道疾病患者，是因為與外界空氣之間的能量交流出問題

（《個人實相》第三十六頁倒數第三行）人不呼吸就會死，在我們的肉體覺受中，「呼吸」是我們最切身、最不可或缺的一種，而它必須從「所謂的我」之內向外排到「看來似乎不是我」的外界空間中去才行。呼吸是我們內在與外在不斷進行的能量交流活動，把外界本來不是我的東西吸進來，然後把屬於我的空氣排到外面。空氣和人一樣都有生命，我們可以把整個空氣想成是愛的能量。

以前我講過，很多人之所以會得到肺炎、肺氣腫、氣喘、肺癌或肺結核等呼吸道疾病，就是因為他們與外界空氣之間的能量交流出問題。不管是植物、微生物、蟑螂，所有的生物都要呼吸，空氣為大家所共有，萬物藉由空氣相互連結，我們也藉由空氣與地球上其他人連結，要是跟萬物、跟人的連結出問題，就會產生呼吸道問題。

如果某甲總是對別人心懷恐懼，害怕被威脅傷害，與人之間始終是負面能量的交流，那他吸進去的空氣就是負面能量。如果某乙與周遭萬物及每個人的關係都很和諧，愛的互助合作，那他呼吸的空氣會很健康。請大家思考自己吸進的每一口空氣是信任、和善、溫暖的？還是恐懼、批評、責難的？

腎上腺素不只停留在人體內，還會投入空氣中影響大氣成分

空氣包含了我們與周遭每個人的情感交流，我們吸進的空氣就代表了與周遭人之間心靈能量的狀態。賽斯講過，在料理食物的過程中，如果懷著很深的愛，營養成分會不一樣，很多餐廳會大排長龍，就是因為廚師本身滿懷著愛的能量，顧客吃進他們做出來的料理會有益健康。

像做出冠軍荔枝麵包的吳寶春，是因為技術好嗎？是荔枝還是麵粉好嗎？那些都不是關鍵，最重要是做的人用心。就算另一位麵包師父用的食材比吳寶春好，不見得能做出更好吃的麵包。所以每件事成功的關鍵在於用心，只要用心一定會有成績，用心是最笨但也是最聰明的方法。

實際上，一部分的「我」不斷地離開我的身體，與外界的自然元素相混在一起。這句話很有意思，我們不斷地放出屬於自己一部分的呼吸，與外界的自然元素混在一起。每個人都知道，當腎上腺素分泌到血液中去時，我們會受到刺激而準備好有所行動。腎上腺素會讓我們的肌肉強度增加、血糖血壓上升，會產生打或跑的反應，打就是跟敵人搏鬥，打不贏就要跑。

但另一方面，腎上腺素並不僅只停留在我們的體內，它會以另一種方式，在變形之後被我們投入空氣中而影響了大氣的成分。賽斯在解釋全球暖化的關鍵，為什麼氣候會異常，有時候會有大颱風或乾旱？因為人呼出去的空氣也帶著內在的化學成分。

11-3

人來到世界是為了學習能量在變成思想與情緒後，如何引發所有的經驗

（《個人實相》第三十七頁第三行）任何的情緒都會釋放出荷爾蒙，而這些荷爾蒙會離開我們，如同我們的呼吸離開我們一樣。有些昆蟲會在很遠的地方放出費洛蒙吸引異性，但是賽斯這裡講的不只是費洛蒙，而是每個人的呼吸都會放出跟自己情緒有關的荷爾蒙，科學界尚未研究出這些東西。

換句話說，我們等於是不停地釋放出這種化學物質到空氣裡去而影響了大氣。那麼，實質上的暴風是由這種交互作用而起。賽斯在解釋暴風雨、氣候異常，都是因為我們內在與情緒有關的荷爾蒙，釋放到空氣裡而影響了大氣層的作用。再加上目前的地球人口過多，如果一群人類集體釋放出焦慮的荷爾蒙，就會很快影響到氣候。大氣學家終究會發現荷爾蒙影響了天氣，而天氣也是我們內在情緒的外在具體化。

此處賽斯再一度告訴我們，我們的實相就是我們自己造成的，包含了我們的氣候。像我們常開玩笑說，一個人的脾氣像晴時多雲偶陣雨，其實在潛意識裡，我們本來就知道外面的晴時多雲偶陣雨跟情緒相連。所以當我們說「你創造你自己的實相」，不只包含了每個人自己的實相，也包含了集體的氣候。

那是我們每個人個別的反應匯集而成的結果。關於這一點，以後還會詳細說明。這裡賽斯要強調的是：我們來到這個世界，是要學習與瞭解，我們的能量在轉譯成「情感」、「思想」與「情緒」之後，引發了所有的經驗，這是沒有例外的。很多人在問：「人為什麼要輪迴？人來到地球的目的是什麼？」答案就在這句話裡面，人為了要瞭解與學習我們的能量在變成情感、思想與情緒後，如何引發身上所有的經驗。

信念領導情緒，而非情緒領導信念

一旦瞭解了這點，我們唯一該做的就是學著審查自己信念的本質，因為我們的信念會自動地使我們以某種模式去思想與感受。是我們的信念在領導情緒，而不是我們的情緒在領導信念。人從嬰兒時期開始，先發展感受的層面，先有感受才有思想。可是後來思想信念形成了，就變成是思想信念在帶領情緒。

其實真正的順序是我們的信念帶來情緒，信念和情緒加起來變成實相，影響了大腦裡的血清素、多巴胺，而不是大腦裡的化學物質改變我們的思想和情緒，人類終究要發現這一點。

賽斯要我們從幾個地方認識自己的信念。首先，我們務必要瞭解，我們接受為真理的任何觀念，其實都只是我們抱持的信念。我之前說過：「沒有事實，只有信念。」比方說：「老公不愛我」是事實還是信念？「我很缺錢」是事實還是信念？「我一個月賺三萬」是事實還是信念？既是事實也是信念，但最早一定先是信念，也許有人一個月賺三萬覺得夠用，那他一輩子的月薪可能就是三萬，可是如果他的信念是「我的月薪絕對不只三萬」，他就會去改變，可能變成賺十三萬或三十萬。如果想改變現狀，一定要從信念改變起。

比如說，某甲只有小學畢業，是事實還是信念？是事實也是信念，如果他不甘願只有小學畢業，就會再繼續念。因此，大家可以從這個角度去看每件事，本來以為是事實的其實也是信念，本來以為是信念的早晚會變成事實，事實和信念之所以常交纏不清，就是這個原因。

然後，我們必須進一步告訴自己：「即使我相信它，它也未必是真的。」所有人心中都要開始打個問號了，有些人相信「學歷不足、能力不足，就代表不能有好婚姻」，有些人相信「錢賺得不夠多，人生就不能快樂」，但這些未必都是真的。打破信念的第一個原則是：縱使我相信任何東西，它也不一定是真的。賽斯希望我們在明白之後，能進一步做到把所有那些暗含基本限制的信念遠遠拋開。

11-4

隨時覺察自己的信念，對於錯誤信念應當知所警惕，加緊努力

（《個人實相》第三十八頁第四行）賽斯將討論為什麼每個人會有這些信念，現在，他要我們去「認識」自己的信念。賽斯要列出一些錯誤信念。如果發現自己同意其中任何一項，那麼就應當知所警惕，因為這正是我們個人必須加緊努力的地方。

第一點：人生是苦。在這裡每個人都要做很深的功課。雖然有些人不同意「人生是苦」，但這個信念有很多延伸，像是相信金牛座必須固執、雙子座必須善變，或是相信八字不好所以命不好，甚至是相信紅顏薄命、人有原罪、有業障等，都與「人生是苦」相關。同意「人生是苦」的人，可能不知不覺也同意了許多與之相關的延伸信念，同意就像蓋印章一樣，蓋了就要負責，千萬要小心自己所同意的信念，因為那個信念會開始對當事人產生作用。

第二點，相信身體是個次級品，作為靈魂的工具，身體自然是下賤且污染了的。我以前講，如果不同意這件事的人，下次在自家客廳佛堂禮佛時，試試看不要穿衣服。請問穿不穿衣服禮佛對佛本身有什麼差別嗎？沒有，往往只是當事人自認為裸體不敬、或自己的身體不潔。

我舉這個例子是要讓大家去思索，賽斯提的這些信念我們不見得都沒有，每個人多少一定還會有，因為很多時候我們以為自己改變了，但許多觀念根深蒂固，深藏在集體潛意識裡，所以一定要真的面對內在，而不是只有頭腦學到，內心還不知道。

我們可能覺得肉身先天上就不是好東西，至於肉體的欲望更是糟之又糟。基督徒可能認為肉身是可悲的，以為靈魂是「下降」到肉體裡去——「下降」這個詞，自然是指由較高較好的情況落入較差較糟的。東方宗教的信徒也常會以為，他們有責任去否定肉身，去超越它，而進入一種無欲的境界。他們所用的語彙雖不同，但仍相信世間經驗是不可取的。

許多修行人到後來都認為應該摒棄男女的欲望。就我所知，在一貫道的系統裡，只要榮升點傳師就不能有夫妻的性行為，這叫清修。或是像我們不會在和尚尼姑面前吃雞腿，不是怕他們受不了誘惑把它搶過去，而是覺得對他們不敬，但這裡帶有批判，貶低了雞腿，為什麼在修行人面前，雞腿相對變成了不好的東西？由此可知，我們內心不知不覺都帶著很多批判。

舉性為例，一般人會覺得一對三、四十歲的夫妻享有美好的性生活很正常，但是換成了一對七、八十歲的夫妻有美好的性生活，可能會招致異樣的眼光。我的意思是說，大多數人的觀念是年紀越大，性生活應該越少，為什麼？因為性多半與青春美貌劃上等號，而不是年老色衰，這就是對於性的年齡歧視，這是信念，許多無形的信念充斥在我們腦袋當中。

覺察信念是人生中很有趣的過程，大家要每天去找自己有哪些信念。像我之前到馬來西亞吉隆坡，聽學員開玩笑說，兩車相會，如果對方開的是高級車，大部分的人會禮讓，以免相撞了賠不起，這就是一種信念。覺察信念不是嚴苛的修行，而是日常生活中好玩的遊戲，比如說，為什麼我對這個人會這樣說話，對那個人會那樣說話？隨時都可以覺察自己的信念。

沒有事實，只有信念

第三點，面對我無法控制的情況，我是無助的。我稍微改一下：「面對我無法控制的疾病，我是無助的。」我們說的每句話都代表了自己的信念，只是沒有仔細分析。舉例來講，假設有個同學跟我說：「許醫師，我得了癌症，醫生說我只剩一年半的時間。」我說：「那你怎麼說？」他可能會說：「醫生說了就代表是事實了，醫生又不會說謊。」這是什麼？信念。或是有人說：「我的生意已經失敗三次了，再做第四次也是失敗。」這是什麼？信念。

修行的第一關是這個世界根本沒有事實，只有信念。我們的食衣住行、生命中所有的一切，全部都是信念。比如說，買不起台北市的房子是事實還是信念？下半輩子只能住在台灣是事實還是信念？我沒有力量改變我的家庭是事實還是信念？對當事人來說可能是事實，但絕對是信念。如果認出是信念，就有力量去改變，如果當作是事實，就束手無策了。因此，「面對我無法控制的情況，我是無助的。」這句話當然是信念。

第四點，我之所以無能為力，原因是我的性格、個性早在孩提時代就已定型，過去的境遇決定了一切。江山易改本性難移，是事實還是信念？當然是信念。如果自認為無能為力、個性無法改變，那麼根本改變不了。

賽斯心法講的是自由自在，自由自在就是看穿萬事萬物都來自於「信念創造實相」，或是「信念創造事實」，因為實相就是事情實際發生的現象，也就是每個人認為的事實。所以我常要大家告訴自己一句話：「事在人為。」只有不同的人用不同的心態去做事，同一件事每個人去做的結果都不盡相同。一旦認出生命中沒有事實只有信念，就開始自在、有力量了。

信念改變，命運會跟著改變

第五點，前生的際遇主宰了一切，我無能為力，因為今生的我對前世發生的事情一點辦法都沒有。我必須受報應，或自我懲罰以求贖罪，誰叫我前世作孽，自作終歸自受，自己造了「業」，只好逆來順受。很多人都有這樣的概念，像是既然過去來不及念書，現在也沒有用了；既然過去來不及努力，今天也沒有希望了；中年失業就無法轉業了，這些都是信念。

很多人相信經由做很多善事可以改變命運，可不可以？可以。那是因為他們打從心底相信，所以命運才會跟著改變。

第六點，基本上人心險惡，人人都在算計我。這個信念發展下去就是被迫害妄想，這跟抱持著「每個人都是自私自利」的信念沒有兩樣。怎麼改變這種信念呢？要開始想：「人有自私自利的能力，可是自私自利夠了就會幫助別人，就像一個人吃飽了自然會想到別人。」這種想法跟把人性的貪婪視為無底洞又不一樣了。

第七點，真理只站在我這邊，別人都沒道理，或真理只能在我這個團體裡才能找到，別處門兒都沒有。否定了所有一切。

第八點，我的精力、健康會隨著年歲增長而消退，而走下坡，年紀越大越不中用。大多數人都同意且相信年紀越大身體越糟糕，精力和健康會隨著年齡而消退，才會去喝精力湯，甚至許多人會覺得這根本就是醫學上的事實，於是到了某個年紀後，最常掛在嘴邊的一句話是：「唉！年紀大不中用了。」

可是我告訴大家另一句破解這個信念的話：「成為賽斯家族、接觸賽斯心法後，就不容易老，也不容易死。」信念的確可以創造實相，可是如果從來不覺得信念可以改變，又怎麼會去改變它呢？所謂的覺察是去發現本來固定不可變的東西，現在可以調整了，就像從來都不知道原來自己享有許多權益，有一天終於知道了。

第九點，我的存在乃因我的肉體而有，當我肉體死亡的時候，就是我意識滅絕的時候。很多人相信肉體消失就不存在了，但賽斯說靈魂永生。

上述這九點大家上過課了會覺得很有道理，可是說實話，要是再深入瞭解，會發現很多人還是深受這些信念的變形所影響，他們雖然不相信A，卻相信了A^+。例如有些人不相信精力和健康會隨著年齡增長而消退，但年紀大了卻開始留意電梯華廈、買維骨力或銀寶善存。

有些人不認為人生是苦，但會說：「不生小孩比較好，小孩是來折磨父母的。」「小孩是來折磨父母的」這個觀點，跟人生是苦有什麼兩樣？或是像有些人只想活到五、六十歲，希望早死早解脫，要是人生不苦，為什麼要早死早解脫？有些人說肉體不是次級品，但是從來不敢在鏡子面前看自己的肉體。有些人說相信人受到恩寵，卻買了很多保險，我不是說保險不可以買，而是要大家清楚明白，不要以為自己否定了A，其實心裡更相信A^+。

很多無形的信念就像樹根一樣，早就長進了整個社區、長進了所有人的潛意識。修賽斯心法真的要下定決心，好好檢視上述九個信念，找出相關的延伸信念。一旦發現沒有事實只有信念時，又可以開創另一番人生了。

11-5

金錢是愛的能量，心越寬越能容納更多金錢能量，幫助眾生

我在開始學習身心靈時，曾許下一個心願：希望經由我的學習和心得，在推廣賽斯心法時，能讓自己的存在展現出一種力量或磁場，進而幫助很多人啟動身體的自我療癒。我也期望我們共同的學習能營造出很好的能量場，使每位同學的身體健康，人生越來越順利。

在賽斯書裡，賽斯不只希望我們瞭解信念創造實相，還要我們找出內心到底有哪些負面信念。像有個學員說自己的內臟左右異位，他可以自我暗示：「既然我的內臟左右異位，所以人家說我會死，我就不會死，表示宇宙上帝創造我一定有個特殊的目的，才會左右顛倒。」也許將來他痊癒後，專門到企業界去唱反調，或是在我們這邊唱反調，負負得正，慢慢就開始扭轉過來了。

我的意思是，他可以用這種信念自我加強：「一百萬個人裡，只有一個人會內臟異位。」像之前有一則新聞提到，一個死刑犯被槍決時，打了八槍還沒死，因為他的心臟在右邊，這就是心臟長在右邊的好處，但是記得要讓家人知道，否則在CPR時壓錯邊，怎麼壓都沒有效。

（《個人實相》第三十九頁倒數第五行）到底內在有多少負面信念是我們沒有去覺察的？賽斯說，第一點，我的身體很弱，一向如此。這個信念很多人都有，像最近有個個案跟我說，他是早產兒，從小身體就很虛弱，有氣喘。我說：「也許你是早產兒這個因素早就沒有了，是因為你相信早產身體一定會不好，根本是這個信念讓你的體質一直不好，跟早產無關。」

我說過，很多人相信自己有家族性糖尿病、高血壓，是這個信念讓他們到了四、五十歲自然得到糖尿病、高血壓，跟遺傳體質根本沒有直接關係，可是現代的知識常常灌輸大家錯誤的信念。只要記得信念創造實相，常常告訴自己：「這個世界根本沒有事實，只有信念。」不管從小到大經歷過什麼事情，一旦相信體質比較虛弱，那麼就一定會如此，唯一要做的是改變這個信念。

第二點，錢這個東西總是不怎麼好，有錢人不免貪婪，比起窮人來，有錢人的精神境界總要差一些。有錢人難免勢利，也比較不快樂。坦白說，過去我也有這個信念，我正在努力改變。

假設有錢人花一千萬買超級跑車，我們一般人的信念是：「有錢買法拉利，怎麼沒有錢捐給賽斯教育基金會，或拯救非洲的窮苦兒童？」我之前曾分享過一個故事，是一對夫妻加入某慈善團體的悲慘遭遇，他們在開會時跟同修聊天說，結婚二十周年紀念日打算出國度假，馬上有個同修說：「你們知道地球上還有多少人在挨餓嗎？你知道我們的師父省吃儉用就是為了幫助窮苦的小朋友嗎？你們夫妻倆竟然要出國度假！」那對夫妻最後只好把錢捐出來。

我們賽斯家族絕對不會如此，我會說：「你去度假吧！你去快樂吧！有多餘的錢再捐，千萬不要勉強，因為你的快樂就是帶給全人類幸福的泉源，不是跟眾生一起苦才叫做慈悲。」

在修行的領域裡常會有個錯誤的信念：錢是萬惡的淵藪，不是好東西。很多人一遇到錢就矛盾，一方面不喜歡錢，一方面又很羨慕人家有錢。如果一個人對錢抱持的想法是：錢和靈修是兩回事，錢很骯髒俗氣，有錢人很貪婪、精神境界比較差、勢利又不快樂，那麼他這輩子別想有錢了。

這就說明了為什麼有些人明明快要賺到錢、快要成功，可是卻功敗垂成，因為他們的潛意識當中有個負向的信念在阻撓。後來遭遇的生活事件會與過去某些內在陳舊的習性呼應，那些習性會一而再再而三的回來，直到當事人全然調整為止。

習性的養成可能要十年、二十年，得花時間慢慢清除，關於金錢的信念也是如此。我常常跟賽斯家族說：「你們越有錢會生活得越好；生活得越好，越能讓自己、家人、社會更好，越能實現理想、幫助眾生。肯定錢是愛的能量，讓自己的心更寬，就能容納更多的金錢能量，去做更多的事。」

後來我給自己一個信念：「如果我走身心靈、走賽斯這條路，還必須擺出窮苦的樣子，就不配當大家的老師，我不想要大家都過得很清苦，我要每個人越來越豐富，在金錢能量的部分越來越好，越來越富足，才能給這個世界更多的愛。」這是我們要集體營造的氛圍。

賽斯思想從來不希望大家過苦日子，賽斯也不認為苦修才表示靈性比較高，我們的信念是靈性與物質都富足，請把關於錢的一些負面信念丟掉，否則會很痛苦。舉例來說，有人認為父母如果沒留下什麼錢，往生後子女比較不會爭吵和打官司，這是不是負面信念？是啊！為什麼不說父母留下一點錢，幫助孩子創業使孩子更好呢？或是有人認為人一有錢就會墮落、男人口袋有點臭錢就開始作怪，這些都是負面信念。大家要覺察自己關於金錢的許多負面信念。

生命就是要隨著天馬行空的意念去創造，不要自我設限

第三點，我缺乏想像，沒什麼創造力。很多人自認為缺乏想像，沒有創造力，這是事實還是信念？絕對是信念。小時候我也曾經相信自己沒什麼創造力，後來發現根本不是這樣。很多時候我們自己過去相信的不一定代表未來還得如此。

其次：我永遠不能做我想做的事。我永遠達不到生命中的理想，永遠做不到我要做的事，這是負面信念。

其次：大家都不喜歡我。我的人際關係很差，是事實還是信念？賽斯講

過，如果一個人覺得沒有朋友，其實還有很多人想要當他的朋友，只不過他沒有去相信這個可能性。生命有無限的可能性，每個信念都是讓那個可能性變成實相的關鍵。人生不是單一路線，生命永遠在變化。認為大家不喜歡自己是負面信念。

再其次：我很肥。減肥從信念開始。

第七點：我的運氣總是不好。很多人會說：「好事怎麼會落到我身上？再怎麼做也沒有人會稱讚我；或者好人總是吃虧，會巴結上司的人容易升官發財；大部分的人都只看外在，不在乎內涵。」這些都是負面信念。這個世界沒有客觀的事實，只有我們對自己、對人生、對宇宙抱持的信念。

開個玩笑，有一次我在開會時，就說賽斯花園將來準備要上市上櫃，因為既然很多同學在投資股票，為什麼我們不能做個提倡身心靈的優質企業？我說賽斯花園未來要在台灣開一〇八家分店，鼓勵大家學習、成長，我們慢慢要具有企業的外在、身心靈的內涵。工作人員就問我：「什麼叫企業的外在？」我說：「我也不知道，企業這兩個字我也是看報紙才知道的，大概就是很有效率吧！」

我什麼都不懂，但是我覺得生命就是創造，什麼都不懂才可以創造，懂了就是模仿，人生可以隨著我們天馬行空的意念去創造、想像。很多人老是覺得這輩子不可能實現理想，其實不是，任何的務實只是為了理想的達成，我覺得信念很重要。

第12講

12-1

整個環境都是我們的信念化為物質的結果

（《個人實相》第四十頁第五行）以上所說的信念，全都是大部分人具有的謬見。有這些謬誤信念的人，總是難免會冤家路狹地處處與他的信念碰頭。每個人會根據自己的信念遭遇到實相，信念和實相總是彼此加強，相信治安不好的人，就準備一天到晚被偷被搶，相信世界上的男人十個有九個壞，那麼遇到的男人當然沒有一個好。

有人會說：「許醫師，我常常感冒、拉肚子，我的身體很虛，明明就是事實，怎麼會是信念呢？」因為信念本來就會變成實相，誤把信念當成事實一點都不奇怪，所以很多人在修行的道路上不容易覺察，看到事實後再回來加強了信念，結果身體果然真的很糟糕、免疫系統很弱。因此，一定要認出信念才是創造實相的材料，要改變實相、改變人生一定要從信念著手，而不是從事實。

實質資料似乎強化了我們的信念，但實際上是信念製造了實相。大多數人都是顛倒過來，認為是先有那個事實他們才會這樣相信。可是有些人明明看到了事實，一樣不相信，即使旁人告訴他這個對象很糟糕，但是他身陷其中，就是覺得對方很好。

人究竟是受到事實還是信念所左右？不管那個事實是誰看到的事實，人往往是被自己的信念和思維、自己的主觀所左右。而同一個現象發生了，每個人都會各做解釋，透過自己的信念創造了實相。

賽斯要幫助大家打破這種限制性的觀念。首先，我們必須瞭解，沒有人能替我們改變我們的信念。賽斯的修行已經指出關鍵，要不要改變信念，自己決定；要不要相信「沒有事實只有信念」，自己決定；要不要調整對事情的觀點，也是自己決定。

也沒有人能逼我們相信某種信念。這個世界沒有人能替我們改變，也沒有人能逼我們相信，除非我們自己願意改變。每個人才是自己身體的主人，縱使醫生開刀把腫瘤切掉，可是當事人依然有能力讓腫瘤細胞繼續產生，所以決定腫瘤細胞去留的人是自己，沒有人可以代勞。

可是，靠著知識和實行，我們就能自己改變自己。靠著知識和實行，知行合一，就能為自己改變。這段話的意思是，唯有我們自己才有能力為自己改變。

放眼看看四周，整個環境都是我們的信念化為物質的結果。一個人的環境代表了他的健康，不好的健康就是負面信念、負面情緒落實的結果，不滿意的環境就是內在不喜歡的信念落實的結果。張開眼睛看到的周遭一切，都是自己的信念。

每個人都能改變對實相和對自己的觀念，而創造個人活生生的經驗

對喜怒哀樂、健康或病痛的感受，也全都因我們的信念而起。如果相信某種狀況總是會為我們帶來不快，那麼它就會如此，然後我們的不快又更加強了這種狀況。在每個人之內，都有能力來改變對實相和對自己的觀念，而創造個人活生生的經驗，一遂自己及他人的心願。賽斯要我們在覺察到自己的信念時，把這些信念逐條寫下來，以後會發現這單子有意想不到的妙用。

那一天在賽斯教育基金會三鶯分會有個學員就讓我很感動，她是我們最早的癌症團療班長，早年罹患乳癌，一直是位很好的志工，在她家開早餐店，買很多書和CD讓客人免費帶走，不斷地去推廣影響很多人。她那天跟我說：「許醫師，為什麼我一直希望幫三鶯分會創造一棟賽斯大樓，結果都沒有創造出來？」我說：「其實妳很棒，三鶯分會就是因為妳而創立，雖然妳覺得沒有幫三鶯分會創造一棟大樓，但是所有妳做的早就在無形當中影響這個世界，帶著CD和書離開的客人，已經在感動他自己、感動他的家人，妳不知道這樣的力量在宇宙當中激起了多大的迴響，比捐給基金會一億、兩億更多。」

我講過，大多數人的負面信念都是覺得自己沒錢沒勢，不是總統，也不是名人，怎麼會有力量？其實每個人都有轉動宇宙的力量，任何人都無法取代，端視自己相不相信，要是不相信，力量就沒有了。心是全宇宙最大的力量，能創造萬物，物質反倒是其次。

賽斯說我們有能力創造實相，一遂自己及他人的心願。要經常覺知自己，尤其是在對話中特別容易發現自己的信念。比如說我問某個同學：「你家住那麼遠，你這麼喜歡到這邊來上課，乾脆在附近買個房子。」這個同學可能會說：「哎呀！許醫師，這附近的房子我買不起呀！」這是事實還是信念？他買不起附近的房子也許現在是事實，但絕對是信念，改變了信念，事實會跟著改變。我不是要他傾家蕩產來買這邊的房子，而是當他說他想搬到附近住，他就會慢慢買得起。

像我在跟某個學員開玩笑說：「妳可以減個幾公斤。」她說：「許醫師，我喝水都會胖。」這是什麼？信念。或是在跟某些人聊天時，對方會說：「最近天氣變化，我三天兩頭就感冒。」這是事實還是信念？信念。我的意思是說，與人對話是發現信念最快的辦法，要經常發現自己的信念，這是非常有趣的過程。像我們心靈輔導師的訓練，其中有一部分是在跟個案對話時，一一幫他剖析沒有發覺的信念。

我每次提到賽斯身心靈醫院，有位同學就開始流眼淚，假設下次她又在哭，我會說：「那妳去募款來成立醫療基金會啊！」也許她會回答：「許醫師，我把自己賣了也沒有那個價錢。」這就是信念，她怎麼會只值那個價格呢？我常開玩笑說，也許我們有某個學員發揮愛心，陪家裡附近的一對老夫妻看賽斯書、聽許醫師的ＣＤ，這對夫妻膝下無子女，說不定會將數十億的財產給這位學員，賽斯身心靈醫院就有著落了，可不可能？誰說不可能？

這個世界沒有「可不可能」，只有「相不相信」，「相不相信」就是信念。當一個人想達到某個目標，能力和智慧都會隨著信念誕生，所以能力也是信念的結果，信念會動員宇宙的磁場幫助我們創造實相。信念的力量絕對大於事實，因為事實是由信念而來，我們唯一能操作的就是信念的力量。

12-2

意識心決定目標，內我運用其無盡的能量和才幹將之付諸實現

（《個人實相》第四十二頁第一行）我們有意識的信念主宰了身體功能，而不是身體功能主宰了我們去信什麼。我們的內我採取了對實質世界有意識、聚焦於實質的「意識心」，讓意識心作為在我們所知世界裡運作的方法。意識心是特為配備好來指揮外在的活動、處理我們在醒時的各種經驗，以及監督實質工作。

想要健康，要從相信自己會健康開始，有意識的信念主宰了我們身體的每個細胞、自律神經、肝功能、荷爾蒙、免疫系統。我常問大家：「你是生氣了血壓才高，還是血壓高了才生氣?你是難過了才傷心流淚，還是傷心流淚才發現你在難過？」當然是生氣血壓才高，難過才傷心流淚，是我們的情緒思維主宰身體的功能。

有意識的信念主宰了身體的功能，而不是身體的功能主宰了我們相信什麼。我也常問病人：「誰是你身上癌細胞的主人？」當然是他們自己，但是主人從來不知道自己是主人，還找別人當主人。每個人必須透過覺察、建立、加強有意識的信念，因為意識心本來就是從內我而來，要來指揮外在的活動，在物質實相裡面運作。

於是，意識心把對實相本質抱持的信念回饋給自己的內在各個部分，這些信念主要就依賴意識心對當前實相的解釋。意識心決定目標，內我則運用它無窮無盡的能量和所有的才幹將之付諸實現。

如果意識心負責相信人性本惡，這個世界很危險，內我會負責把方圓百里之內的壞人都吸引到身邊，於是一天到晚被偷被搶；如果意識心負責相信自己沒有價值、很糟糕，那麼癌細胞會負責把身上的好細胞吃掉。因此，覺察自己有意識的意念是修行最重要的功夫，有意識的信念會動員宇宙的能量幫助我們創造實相。一旦認可了自己創造實相的能力，就不必再當命運、意外、遺傳性疾病的受害者。

12-3

意識心的可貴之處在於做決定及定方向，能評估內在及外在狀況

（《個人實相》第四十二頁第七行）意識心的可貴之處就在於做決定及定方向。如果沒有意識心做決定和定方向，內我無法把能量給我們創造實相，我們會矛盾衝突，或是創造出痛苦、生病、扭曲的方向。

意識心就像方向盤，內我則是油門，油門踩下去不一定都是往對的方向走，可能會撞牆、撞車，甚至後退，所以要由意識心決定方向。我常講「信念改變一瞬間」，這個信念就是決定內我要把能量導到什麼方向，只要一心一意貫注於某個信念，就會創造實相。

意識心扮演的角色卻是雙重的，它能評估內在及外在的狀況。意識心本來就有能力從潛意識、無意識收到訊息，以宗教術語來說，我們本來就可以得到神佛的指示，聖靈會帶領我們，天父、耶穌會指引我們。意識心本來就能接受內在愛、智慧、慈悲、創造力、神通具足的內我意識，只要明心見性，就能為自己的人生做決定。

意識心能處理外界的資料，也能處理由自己內在部分來的資料，它絕對不是一個閉鎖的系統。光是這句話就知道目前的人類很可憐，只會用意識心從眼耳鼻舌身收到訊息，而且訊息還遭到扭曲，幾乎沒有能力從意識心向內我收到訊息，傾聽內在的神諭、直覺和第六感。人類的意識心被迫只使用部分的功能，於是我們因為種種恐懼而不敢做決定、不敢相信自己。

能從內在意識和外在資訊得到充滿智慧的詮釋方式，人生就會開闊

我曾說過，如何詮釋（interpretation，也就是解讀）就會決定方向，比如說，我對身心靈的詮釋是：「賽斯書是最好的。」這是我的詮釋，無所謂對錯，而是我詮釋之後會怎麼做。每個人的方向、信念都會跟著自己的詮釋而定，例如得了癌症的人，如果相信醫療可以救他，就會尋求醫療協助。

我這次去高雄，有個志工同學在三年半前罹患乳癌，剛開始接受化療，後來吃標靶藥物，罹癌的第二年父母相繼過世。那天下午，本來她的醫院裡

有另一位醫生舉辦癌症標靶藥物講座，但是她沒去，而是來參加我們的講座和《靈魂永生》讀書會。

現在整個醫學界都對癌症的標靶藥物著迷，標靶藥物又貴，副作用又大，只是在拖時間。本質上，任何醫學手法都不能治療癌症，因為癌症是由能量、由心而生。這位學員很有趣，她在心中做了不一樣的詮釋，不再認為走肉體醫療的道路能幫她治療癌症，她要開始探索內在、探索心靈、探索生命中能量的阻礙，她認為這個方向才能救她，這就是詮釋。

如何詮釋就會決定人生的方向，不論憑藉了哪些外在、內在的資料，詮釋才是最重要的。比如說，有個人從背後拍了某甲的肩膀一下，如果他的詮釋是友好的表示，就會回頭一笑，如果他的詮釋是攻擊，就會轉身一拳。對於身上發生的一切，每個人都要找到自己詮釋的手法，問自己：「我是怎麼詮釋的？我只能這樣詮釋嗎？有沒有其他的詮釋？」

舉例來講，假設我在上課，上到一半有個同學突然起身離開，我怎麼詮釋？第一個，他可能尿急、肚子痛，雖然很想聽下去，可是只得去上廁所；第二個詮釋，我講了某句話讓他很不高興，決定不想聽，掉頭就走。類似這樣的事情每天都會發生，比如說我在開車，突然有輛車很不禮貌的超車，讓我踩煞車差點撞到，我可以詮釋他是針對我，要來找麻煩，也可以詮釋他太太快要生產了、或是他肚子痛想去找廁所。

每個人會根據自己的人生觀詮釋事情，很多事情還沒發生，我們就先預設立場，預設立場就是一種詮釋，而對於已經發生的事情，每個人解讀的方式也都不一樣。我一直在講解讀，要怎麼解讀宇宙？宇宙是不管萬物死活的存在？還是充滿愛和慈悲的存在？如何解讀就決定了自己會用什麼心情活在這個世界上，究竟要將世界所有的愛恨情仇都解讀為來自愛，還是要認為人人都自私自利，想傷害別人，這兩種人生觀截然不同。我要大家找出解讀周遭人事物的方式，每個人的方式只有自己心知肚明。

解讀方式不是只有一種。比如說之前有個學員來看我，她想當漫畫家，可是父母希望她當律師，所以她很矛盾痛苦。我跟她說：「太好了，你看過《怪醫黑傑克》嗎？畫《怪醫黑傑克》的是位醫學博士，他當醫學博士只為了要畫出《怪醫黑傑克》。妳去當律師吧！然後把所有律師、法庭、法官的黑暗面畫出來，那麼妳就是全台灣最偉大的女律師了。妳為了畫好漫畫只好當律師，就像我為了要推廣賽斯身心靈被迫要當醫生，醫學院七年，家醫科三年，精神科受訓四年，花了十四年的時間只為了推廣賽斯，太划算了。」

不同的詮釋，造就不同的命運，會鑽牛角尖、會痛苦都是因為沒有找到對的詮釋。像最近我們某個工作人員被我罵得很慘，他的詮釋可能是：「許醫師討厭他，他不夠好。」可是如果他的詮釋是：「許醫師正在傾全力幫他成為很棒的工作人員。」這兩個角度就不一樣了，心情也完全不同。如何詮釋會決定人的心情，如果是來自內在的意識、外在的資訊而得到充滿智慧的詮釋，那麼人生就會開闊。

12-4

許多人不敢面對自己的思想，也逃避了自省後必須面臨的自我調整

（《個人實相》第四十二頁倒數第七行）生而為人，就必須在這種意識的運用上，有細密的辨識力。如何詮釋和如何運用意識，決定了一個人的人生。我要把別人詮釋為討厭我，還是詮釋為他其實不知道怎麼跟我做朋友；我要把自己詮釋為很沒用，還是詮釋為有著大好的未來可以發揮，一念之差，結果截然不同。生而為人，我們就是要在這上面下功夫，要有細密的辨識力。

許多人都不敢面對自己的思想，也不願做省察的功夫。每件事都與當事人如何詮釋有關，比如說，我之前跟一位太太講個笑話，她先生有外遇，我問她怎麼詮釋？她說：「我先生不愛我了。」我說：「妳怎麼不詮釋說妳先生的欲望不受控制，他只不過去嘗鮮一下，最後還是發現野花哪有家花好？」我絕對不是為男人外遇合理化，而是說如何詮釋會決定心情，這東西需要不斷省察和面對。

很多人接受人家的信念，這種行為，把內、外兩方面提供的資料全都給扭曲了。這正反映出全世界多數現代人的狀態，用負面的信念詮釋看到的人事物，而且也沒有接受來自內在智慧的能力，於是內外都切斷了，孤單寂寞地活在人世間，叫天天不應，叫地地不靈，既無法相信任何專家，也根本不能相信自己，所以不是急就是慌，不是亂就是怕。

在富有直覺力的自己和意識心之間，原本無戰事。表面上看來這件事好像存在的原因，是因為我們拒絕去面對「意識心」為我們開放的全部資料。賽斯這裡說，我們有一個意識心，有一個富有直覺力的自己，請開始信任自己、信任直覺，因為富有直覺力的自己能帶領我們收到自己的訊息，否則意識心收不到從內我來的智慧。

這樣做，有時候似乎較易逃避自省之後必須常常面臨的自我調整。那天在癌症團療我也講過，很多癌友學了賽斯思想、許醫師身心靈的觀念後，思想調整多少？性格調整多少？行為模式調整多少？很多時候人的個性養成了，就不再改變，當我們改變對事情詮釋的方式，開始從內在收到很多的訊息，就要經常面對自我調整。

但是，逃避的結果卻會使我們收集了許多二手貨的信念。這些信念中有些是相互矛盾的，由於這種矛盾，我們對身體與內我發出的訊號也不順暢、不清晰了，變成互相牴觸的紛亂雜訊。因為我們習慣聽外界的聲音，所以身心會出問題。

有位學員講得很棒，他以前相信人生是苦，所以苦了十年，而且負債一百萬，他看了賽斯書以後，才發現「人生是苦」也是限制性信念，原來那是他的意識心使用的信念。沒有事實只有信念，意識心使用什麼信念就會創造什麼實相。像是股票一直虧錢或身體不好，是事實還是信念？可能是短暫的事實，但絕對是信念。很多人不明白自己如何詮釋，不瞭解自己內在的限制性信念，於是身心不斷出現矛盾。

身體出問題是最佳警訊，提醒當事人必須有所改變

這種情況一旦發生，馬上就觸動了一個人的各種警報系統，這時，若

不是身體不能正常運作，就是整個的心境會受損。這種反應實際上都是最好的警告，告訴這個人必須有所改變了。身體出問題就是警訊，代表一個人不能清晰地詮釋外在的人事物，也不能清晰地收到內在的訊息，必須要自我調整。

我們的身心是個警訊系統，是宇宙給我們的偉大禮物，身體出現警報時、心境情緒或睡眠失控時，都是在告訴我們身心要改變了，可以從兩個方向著手：第一個是改變詮釋每件事的眼光和角度；第二個是改變意識心和內在直覺性的自己之間的關係。

在同時，內我會傳送一些洞見與直覺到我們的意識心，去幫助意識心擦亮眼睛。但是如果我們相信內我是危險又不可信賴的，如果我們害怕做夢或任何闖入性質的心靈訊息，那我們也只會別過頭去而無視這種援助的存在。這句話真令人安慰！原來以前講神愛世人是對的，聖靈上帝永遠在照顧著我們，因為內我時時刻刻都在監看著我們的情況，一旦身心出問題，內我會經常送一些洞見和直覺到意識心，從直覺、從夢裡、從朋友給我們一些訊息。

內我就像慈愛的天父，帶著宇宙的智慧無條件地愛著我們，二十四小時都在護持我們。可是我們真的得到了那個好處嗎？不一定，因為很多人不理會那些充滿洞見的訊息、來自直覺的訊息，不信任自己的內在、不相信內心被觸動的那個部分，害怕夢境、害怕任何闖入性的心靈訊息，於是別過頭去無視於這種幫助的存在。因此，這一段要讓我們知道，每個人都是被祝福的，被宇宙的愛所呵護，而這份愛意義非凡。

12-5

融合陰陽兩種特質，太陰柔會委屈自己，太陽剛會過度以自我為中心

（《個人實相》第四十三頁第七行）況且，如果我們堅信橫逆之來不接受也不行的話，那麼光是這種堅信就足以打消了一切解決問題的機會。賽斯在說認命，如果一個人什麼都不想改變，就不會想去面對，覺得算了、放棄了，根本就是命中註定，自己毫無機會。

我曾談過男靈和女靈，每個男人的背後都有一個女靈，每個女人的背後都有一個男靈。男靈和女靈主要有三個來源：第一、靈魂來地球參與輪迴轉世時，會把某部分的自己放在內在，某部分的自己顯現出來，如果這次投胎肉身是男性，會把某些陰性的特質放在潛意識；第二、是我們在轉世過程當中，身為另外一世的性別的自己；第三、是我們這條ＤＮＡ遺傳密碼裡另一個性別的成分。

男靈和女靈扮演著生命的創造力及行動力。一般而言，我們社會上的女性偏向陰柔，陰柔是傾聽、被帶著走，陰柔是一種創造，可是如果陰柔使用的不對，女性會變成經常委屈自己，沒有自我，配合先生、孩子、外界。孩子經常在媽媽那邊得到比較多的包容，因為媽媽會傾聽孩子說話，瞭解孩子的感覺，比較將就孩子。

我以前開玩笑說，如果孩子罵媽媽賤女人，媽媽難過個一、兩天，又會繼續愛這個孩子，還會煮飯給他吃，但是如果孩子罵爸爸賤男人，爸爸就會說：「你可以罵我賤男人，但請你現在離開這個家。」孩子就得面臨離家出走的命運了，下場不一樣。

女人會放下身段，不堅持，體會孩子的感受，但如果只是一味溺愛，沒有去教導孩子，就會變成慈母多敗兒。很多孩子在媽媽面前能耍賴，到了爸爸面前則循規蹈矩，比較不能做自己，因為男性要別人遷就他，這是陽性特質，陽要採取行動，陰可以隨順柔軟。而男人的問題在於如果過度陽剛、堅強，自尊心太強會失去傾聽的能力，變得孤獨。

學習賽斯和新時代思想的女同學比較多，男同學比較少，為什麼？因為女人的直覺力和接受力比較強，男人會說：「那有什麼了不起！」因為他的男性尊嚴被挑戰了，他在使用陽性能量。

我舉出這兩個部分，是希望大家不要過度陰柔，委屈犧牲自己，也不要過度陽剛，以自我為中心，接受度很低，都要別人來遷就，我們要學習運用陰陽兩種特質。說實話，我個人在面對志工、做治療上，大部分是用陰性的能量，面對工作人員則陽性能量比較多，我現在也要陰陽交融，返璞歸真。

實相由自己一手所造，每個人都要為自己的存在負責

賽斯再重複一遍，我們的整個經驗架構就是由我們的觀念以及信念創造出來的。經驗架構包含一個人的成敗、是否賺到錢、有沒有信心、健不健康。我們可以從意識心中找出自己的信念以及產生的理由。這就是覺察，我們所有的信念都在意識心當中，要找出自己何時及為何產生這個信念。比如說，很多人在小時候可能都曾經自卑過，也許覺得家境差、父母的職業不夠高尚、外型不好等，一旦後來克服困難成功了，還要繼續自卑下去嗎？

像有個學員小時候家裡很窮，學歷又低，經常被看不起。他長大後自己

當老闆，很努力賺錢，他說他買東西都堅持要用名牌，我說：「有好的品味沒關係，可是如果買名牌是為了補償過去沒有處理的自卑，那你會很辛苦。你心裡老覺得自己還是當年那個被看不起的窮小孩，於是必須用所有外在的展現讓自己有面子。這種自卑感還會延伸到人際關係的每個層面，只要人家稍微說句難聽的話，你就覺得人家看不起你。」賽斯要我們找出信念及其產生的理由，瞭解那已經是過去的事，放它走。

如果一個人接受「人類各種行為背後的理由永遠長埋於過去中，不管是哪一生」這種看法，就永遠沒有改造自己經驗的機會，除非他改變那個信念。賽斯一直要大家改變信念、改造人生經驗，不要再維持原來的死人個性。很多人認為這輩子是前世決定的，那就繼續等死吧！

賽斯所說的多少是關於正常的經驗，以後他會討論一些較特別的範圍，諸如生來即有殘疾之類的情況。我們對「自己的實相是自己一手所造」這個道理的瞭解，應該能幫助我們解放自己，對我們的成功和愉悅，自己要負責。固然，我們可以改變生命中自己不喜歡的地方，但卻一定要為自己的存在負責。

我的實相乃是我自己一手所造，成功喜悅、痛苦生病、賺不到錢都是我們自己創造的，承認這一點就開始慢慢找到自己的力量。要是健康不佳，找醫生是參考，外界的人事物只是助我們一臂之力，唯有我們才能改變自己的實相。

12-6

到人間投胎是為了經歷無比豐富的世界，創造一個有色有相的實相

（《個人實相》第四十三頁最後一行）我們的靈魂結合了肉體而存在於肉體中，是為了要經歷一個無比豐富的世界。賽斯在說他如何詮釋這個世界。我們為什麼要來人間投胎？是來被糟蹋的嗎？來生存競爭嗎？是來證明基因夠優秀嗎？還是來地球展現能賺很多錢嗎？其實我們是來經歷無比豐富的世界，是為了要協力創造一個有色有相的實相。

我在上《未知的實相》提到，物質實相是作為靈魂「夢的實驗場」，因為我們有太多的夢想必須實踐，所以除了在夢的世界裡，有我們彼此共同的內我，我們每個人的靈魂與萬物、宇宙的造物主又合力創造了一個物質世界，其中包含了地球，我們來地球生死輪迴，為的就是實踐夢想、實踐價值完成、實踐心中想要的一切美好。但有許多人已經迷失了，距離人生真正的本質如此遙遠。

物質實相原本僅作為夢的實驗場，讓靈魂能成就自己的潛能，曾幾何時卻反客為主，大家變成以擁有最多的物質作為勝利的標準，許多人只知道自己是個有肉身的人類，忘記自己是具有高貴靈魂的存在體。

以九大意識家族為例，醫療者度莫想來地球幫助別人解脫身心痛苦；格拉瑪大想來協助人類建立制度、組織、井井有序的企業團體；柏萊汀想成為很好的父母親，無條件地支持孩子，讓孩子有快樂健康的人生，可以展翅飛向世界各地；蘇馬菲的興趣在於教學，雖然不見得要自己發明理論，但是以教人為樂，讓別人能理解；佛德不喜歡建立制度，而是喜歡改革；祖里喜歡運動或觀看身體的美，愛看奧運；米爾伍梅特笨笨呆呆的，可是心靈天賦很高，是神祕主義者；依爾達對於商業經營和商品很有概念，喜歡做生意賺錢，把東西賣給有需要的人。

我經常開玩笑說，賽斯家族大部分是蘇馬利，所以推廣常常很失敗，因為蘇馬利創造性高，但對實質的東西沒興趣、沒耐心，創造完就跑掉了，很少留下來照顧它們。蘇馬利天生反骨、叛逆、反權威、獨來獨往、活力充沛，我們需要吸引依爾達家族幫忙推廣。

賽斯說個人性永遠是最重要的，不是因為某個人屬於某個意識家族，才具有那個能力，而是因為他具有某個特質，才屬於那個家族。可是我們這個世界因果顛倒，讓人以為自己是雙魚座，所以有某種個性，其實正好相反，是因為具有那種個性，才會出生在那個月份。也就是說，不是命盤決定了一個人的命運，而是因為具有某種性格、信念的人，才會出現那個命盤。

我們要透過身體來享受、表達、運用自己，幫助意識的偉大擴展

我們的靈魂生於肉體中，是為了要豐富感官知覺的神妙領域，是為了要體會能量被造成具體形態時的感受。賽斯不否認感官，既然我們來到物質實相，就是要體驗物質，不必排斥。要入世，但不要入戲太深，以出世之心過入世之生活，不要在世俗當中迷失自己。

我們來到人間是為了透過身體來享受、表達、運用自己。很多修行人說不能享受，這種說法不對。可以享受，但不要浪費，可以有欲望，但不要縱欲。

我們來這裡是要幫助意識的偉大擴展。我們出生不是為了替人類的苦痛號哭，卻是當我們發現不喜歡它們時，透過內心的喜悅、力量和活力來改變。我們是來表達、成長，幫助全人類打開內心，不是來悲情的。對於不喜歡的部分，不是抱怨忍耐，而是展現創造力，改變實相。

要做的是盡可能信實而美麗地在身體中創造心靈。我們每個人都有肉體，要在肉體當中學會盡量創造我們的心靈。生活是讓我們來創造的，讓自己、周遭的人事物和世界更美好，是賽斯家族的使命。

第13講

13-1

意識心就像一扇窗，讓我們由內向外看，感知內心世界的果實

（《個人實相》第四十四頁第六行）意識心讓我們能從內往外，向物質宇宙觀看，意識心就是我們自己，可以讓我們由內而外觀看這個世界、看星空、看日月，而物質宇宙是我們的精神活動反映。向外觀看是要我們回到內心，那些對世界充滿憤怒和不滿的人，其實是對自己充滿憤怒和不滿，改變內在就開始同時幫助這個世界變得更美好。

所有一切外在的變化都是我們內心的變化，我們必須藉由把內在投射到外在，才能加以操作。就像要縫衣服，得先把衣服放在縫紉機上；要炒菜，得先把菜、肉放在鍋子裡；或是要透過顯微鏡觀察微生物，也得先把微生物放在載玻片，再蓋上蓋玻片。

我們藉由物質實相，認識所有內心向外的投射之物，就像藉由身體能讓我們明白自己的內心，如果有腫瘤，醫生會說腫瘤指數代表了癌細胞的活動。我們藉由外在看到內在。

意識心讓我們去感知和評估我們個人和整體的創作。創作是指我們對目前的生活、工作狀況滿不滿意？身體健不健康？一切顯現在外的都是要讓意識心去覺受評估，然後找到內在，一旦內在改變，外在會跟著改變。就像喝咖啡，想知道夠不夠甜，可以一邊喝一邊慢慢加糖，加到想要的甜度；或是像調洗澡水的溫度，太冷就往熱的方向調，太熱就往冷的方向調。藉由處理「內」來處理「外」，不是藉由處理「外」來處理「外」而已，調整內在實相就會顯現於外，看到外面後再回來調整裡面。一切都源自於內心，一定要從內心去找答案。

可以說，意識心就像是一扇能讓我們由內向外看的窗子——向外看，感知我們內心世界的果實。外在實相是內心世界的果實，內在為因，外在為果，這是因果論。信念為因，實相為果，心為因，外境為果。如果一個人對世俗成就不滿意，其實是對自己不滿意，世俗成就代表了他發揮多少能力，而發揮多少能力不是天生，也不是來自遺傳，在於他相信自己有多少能力、相信自己是哪一塊料，這完全是由自己決定。

信念情緒先導致了內在事件，然後再投射為外在事件

這扇窗子本來清晰明亮，一塵不染，我們卻常常讓自己那些謬誤的信念為這扇窗子蒙上塵霧。如果一個人的信念是這個世界沒有人值得依賴，或是錢很難賺，生存不容易，這些信念一出來，眼睛就會蒙上一層灰塵，對想要幫助他的人和能賺錢的大好機會都會視而不見，他的外在實相當然是孤獨、辛苦。

自認為沒用的人，就會因為這個謬誤的信念而在人生當中真的變得沒有用，甚至讓身上的某個器官也變得沒有用，像是胃本來要消化食物，結果出現一個潰瘍大洞，果然沒有用了；乳房本來要分泌乳汁，投射了負面能量後，結果得到乳癌。

我們要開始讓意識心清澈明亮，建立好的信念，例如：貴人從四面八方而來、在地球生存很容易、達成理想很簡單、人生的困難可以輕易克服。

我們的喜悅、活力以及成就沒有一樣是外來的。萬法唯心，每個人的健

康、活力、喜悅、成就都由心所生成，而無力感也是自己內心的投射，並不是家人、疾病等外界造成的。

所有的發生也沒有一樁是因為外界的因素而掉到我們頭上的，它們全都源自我們的信念導致的內在事件。我們的信念情緒先導致了那些內在事件，於是內在事件再投射為外在事件。

以尊嚴為例，每個人都希望自己有尊嚴、有面子，可是尊嚴和面子一定要由自己給自己。我們的世界在玩外在的遊戲，以為有權有勢才覺得有尊嚴、有面子，那種尊嚴和面子都很虛幻不真實，終究會失去，因為是由外在導致的內在。賽斯家族的尊嚴和面子是來自內在，縱使外在的實相沒有了，內在的尊嚴和面子一直都在。

13-2

我們自己有意識的信念，就是我們接到的最重要暗示

（《個人實相》第四十四頁倒數第五行）有很多文章都說到「暗示」的本質和重要性，近期來流行的說法是，我們隨時隨地都受到暗示的支配。其實，我們自己有意識的信念，就是我們接到的最重要「暗示」。在電影《全面啟動》裡提到，一個深層潛意識的思想是威力最強大的武器，因為思想會繁殖擴散，一個堅定的意念比任何病毒細菌的生命力更強、威力更大。每個人有意識的信念是最重要的暗示。

也就是說，我們接受或拒絕所有其他的意念，是看我們相不相信它們是真的，而那是根據一天大部分時間在我們心中不斷進行的自說自話——我們自己給自己的暗示——來決定的。比如說我今天上了這堂課，每位學員對上課內容的深入度、活用度都不一樣，有些學員左耳進，右耳出，聽完就過去了，而有些學員就像蜜蜂看到花，拔也拔不開，不但一輩子牢牢記住這個概念，還會深入潛意識，持續運用、體會、漸修。

賽斯家族不是學一套知識、學問，而是學一套實用的法門。如果我現在對一位癌友說：「你走出這道門後，癌症當下就好了。」要是他完全明白我說的現在進行式（being），當下接受且相信我這個暗示，把這句話視為生命中的最高指導原則，與此違背的都錯，那麼他走出這道門，癌症就會開始康復。

就像我常常暗示賽斯家族：「一旦成為賽斯家族，生命就會越來越好，而且那個好不是外界的標準，是自己的標準。」這就是暗示的力量，將一個暗示擺在潛意識的最高地位後，就沒有任何信念可以違背這個暗示。可是決定者是誰？自己。

至於在《全面啟動》裡提到，當一個人的潛意識被植入某個信念後，個人的自由意志就不能反抗，這種論點是錯的。即使某個信念目前是最高指導原則，如果有一天當事人想改變，當下的信念改變只要一瞬間，這是經過自由意志同意的，比如說，某甲的自由意志同意：「一旦我開始接觸賽斯心法，或是開始讀賽斯書、聽CD，不管懂不懂，有一天終究會懂。」這就是自我暗示，信念會創造實相。

老實說，我從一九八七年接觸賽斯書之後，就像蜜蜂看到花再也沒有離開過了。我說過，賽斯書能讓人絕處逢生，裡面有黃金屋、有顏如玉，這就是暗示。要善用暗示，暗示就是自己給自己的信念，只有自己能決定要不要接受。

一個外來的暗示能否為我們所接受，端視兩個條件決定，首先要看這個暗示與我們心中對實相本質抱持的一般看法是否有衝突。比如說，我剛才對生病的學員下暗示：「走出這扇門病就好了。」對於一個沒有接觸過賽斯思想的正統醫療人員，會接受這番話嗎？他可能會覺得胡說八道。可是如果他知道我是家醫科、精神科專科醫師，他會不會開始動搖了？會。

其次，這個暗示與我們對自己所抱有的特別想法是否相契合。再以上述「走出這扇門病就好了」的暗示為例，也許有人會懷疑：「真的嗎？這麼神，那以前許醫師那麼多癌症病人怎麼會死掉？就算有人會好，但怎麼會是我？」這就是信念。只要評估過後這個信念不會傷人傷己，為什麼不去相信？

我們的心靈輔導師或心理師在討論一些個案時，會開玩笑說：「有時候社經地位越高的人越沒救。」為什麼？因為他們過去的知識、觀念變成了障礙，叫知識障。很多時候我們社會所謂的成功是虛有其表，不是真的來自內在的踏實，如果心靈領域的根基不夠，終有一天會紛紛墜落。

善用意識心的人能覺知內在的直覺概念，不會對外界資料照單全收

如果一個人正確地運用自己的意識心，就要檢驗到自己頭上來的那些五光十色的信念，總而言之，他不會再無可奈何地照單全收。因為這時他已經是覺者，覺悟到信念創造實相。

很多人相信報章雜誌上的內容，覺得只要是專家講的都對，我以前開過一個玩笑說，專家是專門害死大家。每個人都要妥善檢視自己接受的信念，看看這個信念會變成什麼實相，再來選擇要不要相信。

如果一個人能善用意識心，還可以覺知從自己內在傳送出來的直覺概念。這就是神通。有一次我的診所有位心理師看完某個個案，找不出問題所

在，後來我跟個案談過後，就跟心理師說：「其實那個孩子的問題不在孩子，是媽媽有妄想症。」心理師就睜大眼睛看著我說：「你怎麼會知道？」我也睜大眼睛看著他說：「我也不知道我怎麼會知道？我就是知道。」這就是從意識心傳出來的直覺概念。信任自己的人，才會信任自己的直覺，善用意識心，就可以覺知從內在傳來的直覺概念。

但若是一個人不去審察從外界傳來的各種資料，或根本忽略從內向外傳出的各種訊息，那麼他只能算是一個處於半清醒狀態的人。半清醒就是茫然、痛苦、在人世間不斷輪迴，縱使理性百般說服自己過得很好，其實自己知道那是假的，內心有很多不安全感和煩惱。

綜上所述，意識心的作用有三個：第一、接收由內我傳來的直覺性資訊；第二、讓我們能透過外界發生的事情由外觀內；第三、意識心對於自己創造實相的信念開始變得一清二楚，用什麼信念就建構出什麼人生。意識心幫助我們覺察這些東西，就不必在人生當中不斷痛苦掙扎。

13-3

一旦意識心迷失，內我馬上會採取自我改正的措施

（《個人實相》第四十五頁第八行）因此，很多謬誤的信念就是因為我們不去檢視，才會照單全收。像罹患癌症的學員常見的謬誤信念是：「我的癌細胞要長，我有什麼辦法？」其實癌細胞就是他們自己的投射。或是有人會說：「我的生命就是這麼苦，我有什麼辦法？」「我的老公就是要一直賭博欠債、玩女人，我對我的婚姻沒辦法。」辦法非常多，但是只要當事人覺得沒辦法，就沒有辦法了，這就是信念。

當我們對很多謬誤的信念照單全收，這時，我們就給了內我關於實相的一副假相。既然意識心的機能是為評估實質的經驗，內我是沒有辦法做好那件事的。若我們的內在部分該承擔起那份責任的話，那我們根本就用不著有這個意識心的存在。內我雖然有感覺基調，給了我們創造實相的全部能量，

但若意識心帶著有色眼鏡，就會讓內我不能做好評估。就像是一輛三百匹馬力的好車，上面坐著白目的駕駛，結果去撞牆一樣。

因此，內我負責提供馬力，意識心負責決定是撞牆還是開在馬路上，所以意識心非常重要。也就是說，神性、佛性提供了能量、汽油、馬力，但決定人生的人還是自己，我們必須負起責任，握好方向盤，這正是我們來投胎當人的目的，也是意識心存在的目的。

可是一旦內我的警覺性被喚醒的時候，它馬上就會採取某些自我改正的措施來設法彌補這種偏差。聽起來真令人心安，原來當我們的自我迷失了、意識心迷失了，內我會主動警覺，覺察到我們是否正在人間受苦、生病，人生是否過得一塌糊塗。我們並不孤單，神佛永遠看護著我們，與我們同在。這就是內我的功能。

內我會透過靈光乍現的方式提供內在訊息，使當事人改變行為模式

在情形特別嚴重而失控的情況下，內我甚至會繞過意識心的防區而直接向我們其他的活動層面放射出能量，以解決當前的困難。今天有個同學跟我

說，他覺得這輩子做很多善事，幫助很多人，為什麼連續被兩個女人拋棄，還得到致命的疾病？卻又鬼使神差的接觸到賽斯家族。是誰在幫他？就是內我。

內我會化身為生命中的貴人，或化身為莫名其妙的舉動，讓我們做出與平常不同的決定。就像有個學員說，他到書局翻了一本書叫《許醫師抗憂鬱處方》，看到韋小寶覺得很好笑，於是他做了一件這輩子不曾做過的事：把那本身心靈類的書買回家，結果改變了一生。

有時候，我們在人生當中會做一些很奇怪的決定，連自己也摸不著頭緒，因為這個決定是由內我來的。可是另一種狀況是這種決定是出於我執，兩者有何差別？我執可能是出於恐懼、執著，而如果在意識心一片混亂時，做了某個違背理性的決定，感覺卻對了，這就是從內我來的。說實話，得親自體驗才會知道。

比如說，內我會設法避開理智心的盲點，它也常常從衝突的信念從連珠炮當中，篩檢出那最能給人活力的一套，而以當時看是天啟的方式，把內在的訊息送上來。這種靈光乍現的情況，能夠使一個人改變一貫行為而採取一種新的行為模式。

我也常問癌友：「行為模式改變了沒有？」只要能利己利人利益眾生，就可以改變行為模式去做過去不會做的事。有時候，一個人的行為模式突然轉彎、或突然有個靈光乍現和啟發，讓人生有所不同，這些訊息都是來自內我，內我就是神性與佛性的自己。

舉例來說，我大姐以前一直住在土城，我就鼓勵她說：「不行，妳要搬到新店來。」有沒有給了她壓力？有，壓力遍布全家。後來我跟她說：「妳不做這個決定是符合妳原來的思維方式，做了這個決定才是不符合原來的思維方式，所以妳不做這個決定很正常，做了這個決定才奇怪呢！」學了賽斯心法之後，有時候會做出一些以過去的性格不會做的決定。我再強調一次，如果這個決定不是錯的、沒有害人，那就做吧！因為行為模式的改變正是生命的轉機。

13-4

我們的思想就像花一樣，開成了生命中的事件

（《個人實相》第四十六頁第一行）我們務必要對自己的理智心裡面到底包含著些什麼東西了了分明。我們必須知道頭腦裡到底裝了什麼，以疾病為例，我們把某些負面能量投射到身體上，才會顯現出疾病。知道自己投射出什麼，只要把投射阻斷，關掉投影機，牆壁就會恢復成白色。假設我們拿刀片劃一個傷口，傷口會不會好？會，只要還活著，傷口就會復原結疤，血會停，為什麼？因為身體一直在自我療癒。

物質皆來自於能量，疾病是物質，也是從能量而來。因此，生病的人要問自己投射了什麼能量在身體上，例如投射了人生的苦、投射了自己沒有用、投射了自己是個失敗的媽媽、投射了不甘願和心煩意亂，只要當場阻斷這些投射，身體就會開始復原，生活、婚姻、親子關係也都可以如法炮製。

我說過，沒有過去式、沒有未來式，只有當下的現在進行式，沒有外境只有心境。如何才能覺察心境？心境就是理智心裡到底包含了什麼東西，找出曖昧之處，要知道，不管心中有著何種信念，它們的確都會具體實現。信念創造實相，所以如果心中有某些信念，一定會具體實現，就像我常常信口開河，但是慢慢都一一實現了。

我們的存在這個奇蹟是無法逃避它自己的。我們的思想就像花一樣，開成了我們生命中的「事件」。這句話像詩一樣美，思想像花開成了生命中的事件，事件是由內而外，疾病也是由內而外，痛苦、快樂也都是由內而外，沒有一個東西是由外而內，找到了內在就會改變外在。

如果一個人認為人世本惡，那麼他所碰到的事件就會處處見惡。這個惡是善惡的惡，也可說是饑餓的餓，如果相信錢不容易賺，就算很努力也不見得賺得到錢，因為這符合了信念。所以我一直給大家正面的暗示：「你們一接觸賽斯，人生會越來越好，身體會越來越健康，各方面會越來越順利，能在生命中實踐理想。」我希望各位建立這個信念。

宇宙中沒有意外，人世生活也一樣沒有意外

宇宙中沒有意外，就算是在我們所認為的人世生活中也一樣沒有意外。光這一句話就讓人傷透腦筋了，如果沒有意外，老公怎麼會遇到那個狐狸精呢？如果沒有意外，人怎麼會被車撞呢？如果沒有意外，做壞事怎麼會被抓包呢？很多人覺得有意外，那是因為他們還沒有深入探索自己的內在。

像有個學員在當老闆，很善良，又樂意助人，還出錢讓員工上心靈成長的課，為什麼他會得腎臟癌？後來他慢慢回溯，原來在生病前已經覺得辛苦一輩子了，很想休息，常常擔心生意不順利，前一陣子把事業交棒給兒子，結果兒子一、兩年內就把他一輩子賺的錢賠光了，怎麼再做下去？是不是很傷心難過，不知道該怎麼活下去？

光是找到這一點就解脫了，原來他的腎臟癌是這樣來的，傷心難過的感受就是能量的投射，會讓人生病。幸好他遇到我們賽斯家族，病不但可以完全康復，還可以把兒子賠光的再賺十倍回來，這就是信念，誰說不可以？這就是賽斯思想。

思想像花一樣在生活中開出了事件，由內而外，見外觀內，凡所有外界

出現的皆源自於內，宇宙中沒有意外，生命中也沒有意外。會覺得意外，是因為我們不瞭解宇宙的定律，其實越覺察內在，越心知肚明。

我們的信念跟花一樣確然地在時間與空間中生長。花會在時間空間中生長，思想也是如此，一個堅定的思想、意念，就是最重要的康復關鍵。當我們瞭解賽斯說的話，甚至還能感覺到那些信念思想的生長。這就是覺察的功夫，覺察我們的意念在茁壯、滋生，正在變成實相。

13-5

意識心很好奇，態度開放，還具備檢驗自己內容的能力

（《個人實相》第四十六頁倒數第七行）基本上意識心充滿了好奇，態度也十分開放。好奇和開放是每個人天生的本質，如果不是，就表示已經迷失了自己。除此之外，意識心還具備檢驗自己內容的能力。意識心本來就配備了自我覺察、內觀、檢驗自己內容的能力。

由於上一個世紀的心理學理論，使得許多西方人都相信，意識心的主要目的就僅在抑制「無意識」的資料。在古典的佛洛依德精神醫學理論，意識心的作用就是壓抑無意識、壓抑童年的創傷、壓抑過去潛意識的黑暗部分，像是謀殺的意圖、戀母情節等。他們認為心理治療或精神分析就是把壓抑的部分再挖出來重新整理，這些論點並不完全錯，但本質上是錯的。

反過來，賽斯提過，意識心的功能也在於「接收」以及「轉譯」那些從內我傳達給它的各種重要資料。內我會傳達資料給意識心，意識心可以從內在接收、轉譯訊息，得到力量，我們會有明心見性的智慧。

在不受干擾的情形下，意識心做得非常好。不受干擾是指在夢境、清晨、或靜坐冥想時，不胡思亂想，心沉澱下來，就能從內在收到智慧，如果心紛亂不安，根本無法得到內在的智慧。

我一直希望大家能把自己的心安定下來，定而後能靜，靜而後能安，安而後能慮，慮而後能得，定、靜、安、慮、得，最後能得到我們要的健康快樂，這裡的慮就包括意識心可以從內我收到智慧和解決問題的方法。比如說，有個當會計師的學員，動了一個念頭要把財務報表寫得很簡單，他的內我就會幫助他，給他能力，協助他找到出版社，讓他未來的人生過得更好。

意識心負責下決定和採取行動，可是通常我們的意識心會心生恐懼，不相信自己，我希望大家一心不亂，明心見性，信任自己下定決心和採取行動後，內我會全力以赴提供協助，幫忙實踐所有的理想，因為內我就是內在智慧的集結。

一旦打開創造性的表達，會從內在收到源源不絕的洞見和直覺

問題卻發生在，人們只教意識心接受從外界傳來的資料，而對內在知識設下重重障礙。這句話很重要，意思是我們的意識心開始變得邏輯理性，不相信感覺、直覺、衝動，因為我們從小到大接受的訓練是，資訊由外而來、要相信理性的聲音，從來沒學過內我會傳送智慧給我們，於是，全世界百分之九十九．九的人都不相信自己，也不相信內心的聲音，寧願相信別人、相信專家。

有位癌症個案來看我，說他到某個地方看某位醫生，剛開始講的內容很像身心靈，最後就開始推銷產品，加起來要一百多萬元。我們這裡沒有這類東西，只有書和CD，讓大家學習成長，慢慢覺察自己內在的部分。

以上這種情形，造成了個人對他所具有「全部力量」的一種否定。這個世界不到十分之一的人發揮出自己全部的能力，而賽斯家族就是一群開發自己力量的人，我們在開發身心靈的潛能，對自己下工夫，認真覺察。所以，來這裡學習的癌友就算末期也會好起來。可是，一般人沒有這種覺察，不相信自己，能量就使用不出來。

更有甚者，還使得這個人有意識地把「自己」與「自己這個存在的重要源頭」切斷。人已經被斷頭了，找不到自己的佛性與神性，如果能動員佛性和神性的力量，末期癌症一個月就可以痊癒，因為那就是全部力量的展現，人本來就有這種潛能，只是沒有去學習開發。

這些狀況特別抑阻了創造性的表達，使有意識的自己摒棄了本來可有源源不絕的洞見和直覺。反過來說，如果我們把創造性的表達打開了，內在源源不絕的洞見和直覺就會出來。我希望賽斯家族經常去感受自己從內在收到源源不絕的洞見和直覺，因為每一個都是來自宇宙最高智慧的指引。

13-6

意識心聆聽內在和外在的聲音，若接受了矛盾的信念，就得一一揪出

（《個人實相》第四十七頁第三行）這時候，思想與感覺好像分了家。

大多數人會說：「我明明想這樣做，但是我就做不到；我明明想要心平氣和，就是心煩意亂。」因為他們的理性和感性都分了家，思想和感覺也分了家。

創造力和理解力原是一對兄弟，此時卻變成了陌生人，意識心也失去了敏銳。它將一大堆本來可有的內在知識由自己的經驗中切除，在「我」（self）的裡面也顯出一種虛幻的「分割」假相。

這就是在講現代人無法從內在知識得到經驗和智慧，生活空虛不踏實，經常落入懷疑心，會想：「我這個想法對嗎？我這個感覺對嗎？有沒有人能告訴我該怎麼做？方法在哪裡呢？」只有內我能提供真正的方法，這是來自內在心靈的智慧，至於其他一般的方法也許短暫見效，後來就失去效用。

在完全沒有受到干擾的情況下，「我」原是渾然天成，自成一個單位，雖然是一個永遠在變的單位。意識心聆聽各種內在和外在的聲音。賽斯在講開悟的狀態，「我」是渾然天成的，沒有分割。

聯合「我」由有形與無形的來源所收到的知識，而能形成信念。像有些人會說：「我也不知道這個人講得符不符合什麼理論，但我就是打從心裡願意相信。」這就是來自心裡的直覺。像我當年接觸賽斯，也不知道他是誰，可是我內心就有一股聲音：「這些資料是好東西。」於是我慢慢接觸。

目前全世界只有我們台灣用賽斯心法來治療疾病，連美國也沒有，為什麼？因為剛好我是醫生，內在的聲音告訴我它可以用來治療疾病，從最簡單的癌症開始，還有很多精神方面及其他的疾病。一路以來都是內在的聲音在帶領我，我希望每個人開始找到自己內在的力量和信仰，因為信仰無法來自外界，必須出於對自己的內在真正產生信任。

然後，對信念的自我檢驗與其他的活動就自動開始——自然、簡單，根本就毫不費功夫。然而，意識心一旦接受了彼此矛盾的一堆信念時，就必須花一番氣力，將這些矛盾一一予以揪出。這就是修行的功夫，要去檢驗內在有多少矛盾衝突，有的人今天信，明天又不信，本來很堅定，過兩天又動搖，一天到晚都很混亂。

我說過，不論是哪一種治療法，只要從頭到尾真心相信，就會有用。以尿療法為例，早上喝一杯尿，病會好嗎？這個方法之所以會有效，不是方法本身有效，而是當事人堅信它有效，這就是信念的力量提供協助。而這裡講的自然、簡單、根本毫不費功夫，就是一種內在的療癒，可是因為我們從小到大有太多的矛盾、錯亂，所以要花功夫一一整理。

有位同學來跟我說他有很多矛盾，我說：「當然啊！本來這就是必然的過程。」我念醫學系時，一度很想把賽斯殺了，因為接觸之後矛盾衝突太大，差點念不下去，想轉到森林系。後來又回去重新感受到父母對我的愛，而不是期待，才有辦法完成學業。

我希望身為父母的人告訴孩子：「請為了我們對你的愛而努力，而不是為了我們對你的期望而努力。」兩者完全不可同日而語。如果孩子依循的是父母對他的愛，那麼他會走上自己喜歡的道路，讓自己快樂；如果孩子走的是父母期望他走的道路，他會因為父母對他的期望而痛苦一輩子，有一天會回過頭來恨父母。很多親子關係的痛苦正是來自於此。

身為子女的人，如果聽到父母說：「我們對你的期望好深。」我建議可以自己稍微把這句話改成：「我們對你的愛好深」，因為愛好深，所以怎麼做都可以，這就是差別所在。很多人也會給自己很大的期望，但請把期望拿掉，換成是給自己很深的愛，因著這份愛，就能讓自己找到內在的動力。

若想改變經驗，必須先改變形成了各種觀念的原始材料

賽斯要我們記住，就實質資料而言，即使錯誤的信念也似乎沒有不妥之處。其原因在於，在外界的經驗，其本身就是我們的信念向外具現的結果。有的人在外面遭遇到很多騙子，來跟我說：「許醫師，人性本惡，沒錯啊！」我就會說：「對呀！沒錯啊！因為你遭遇到的就是你所相信的。」他會說：「本來我很信任人，是被騙了才不相信。」我說：「對，如果你真的那麼信任人，就算被騙了還是會願意相信，你會告訴自己『是那個人騙了我，但是其他人還是好人。』」信念不會被具體的資料打敗，信念是用來創

造實相。

或是有的個案說：「許醫師，我的癌症怎麼好得那麼慢？還一直復發，賽斯心法沒用。」我說：「對呀！因為你相信它沒用，它果然真的沒用了。」他會說：「那是因為它真的沒用，我一直復發，才相信它沒用啊！」我會回答：「如果你相信它有用，即使復發你都還是相信它有用。」差別就在於這個人之所以相信賽斯心法沒用，是因為他打從一開始就半信半疑，不太相信它有用；要是他抱持的信念是：「不管有沒有創造出來，我都真心相信賽斯心法有用，只是目前還沒有找對方法，體會還不夠深。」那麼，他終有一天會成功。

因此，即使我們的感官告訴了我們某一個信念明明白白是個真理，我們還是要從根本處下功夫。雖然感官告訴我們某件事明明就是事實，可是賽斯說並非如此，凡所有相皆屬虛妄，還是要從根本處下工夫。

下工夫的對象是形成了我們各種觀念的原始材料。意思是這個事件、這個實相究竟是由什麼材料創造的？以蛋糕為例，材料包括低筋麵粉、二號砂糖、水、發粉、雞蛋等。如果一個人的癌症一直沒有治好，就表示他還沒找到材料，就像是把麵粉拿掉了，還會做出蛋糕嗎？不會。

於是，要想改變我們的經驗或其任一部分，都必須先改變我們的觀念。一切的改變由思維開始，這就是萬法唯心的意思。既然，我們一向以來始終不斷根據自己的觀念創造自己的實相，那麼，結果就自然而然地跟著來了。

第14講

14-1

「我們」不等於「我們的觀念」，觀念隨時都能改變

（《個人實相》第四十七頁倒數第三行）既然，我們一向以來始終不斷根據自己的觀念創造自己的實相，那麼，結果就自然而然地跟著來了。我們一定要確信自己能夠改變自己的信念，這就是操作步驟。每個人的信念都是出於自己的選擇，就像我們每天早上起床可以選擇自己想穿的衣服。請先相信觀念是自己能隨時改變的東西，觀念是個可操作的項目。

接著是採取行動：一定要願意去嘗試。把一個限制性的觀念想成是一種泥巴似的顏色，我們自己這一生則是被弄髒的一幅畫。改變我們的觀念，就像一個畫家改變他的用色一樣。一個人的人生之所以是灰色的，那是因為他的人生觀是灰色的。身體不好的人，從物質著手改變飲食只是短暫有用，除非心情改變、觀念改變，否則找醫生也沒用。真正的療癒關鍵是藉由疾病和醫生的協助，幫助當事人開始學會愛自己。

畫家並不會硬把自己和所用的顏色混為一談，他清楚地知道顏色是自己挑的，把顏色塗在畫布上也是自己之所為。我們就像這個作畫者，「觀念」是我們的用色，「個人實相」是我們的畫布。這句話像詩一樣美，觀念就像畫家的顏料一樣，畫家用各式各樣的顏料畫在畫布上，使用什麼觀念，就創造什麼實相。有人用的是媽媽派、爸爸派的觀念，有人用的是悲觀派、沮喪派的觀念。「人間是個好地方，我們來人間為的是發揮創造力。」每個人可以自己決定要不要相信這句話。

我們絕不是「我們的觀念」，更不是「我們的思想」，我們是那個去體會這些觀念與思想的自己。很多人說江山易改、本性難移，本性是怎麼組成的？由思維方式組成。可是這裡賽斯一直在強調，「我們的觀念」、「我們的思想」不是我們，每個人都可以選擇、改變自己的觀念和思想。

我常常請大家去做實驗，練習告訴自己：「我是全台灣最幸運的人。」如果考慮到別人的話，就加個「之一」，對自己說：「我是全台灣最幸運的人之一。」一加強了這個信念，不久就會變成實相，因為一個被植入的信念隨後會顯現在生活中。這個世界沒有事實只有看法，我們一切的觀念思想都是自己選擇要相信的，比如說，某甲影響我很深，那是誰讓某甲影響我很深的呢？自己，力量全操之在己。

如果一個畫家工作一天之後，發現自己的手上沾滿了顏料，他可以輕輕鬆鬆把污漬洗掉，因為他知道沾上手的是什麼東西；可是如果一個人一心以為那些狹窄的思想就是他的一部分，因而是永遠跟他連在一起的話，他根本連想都不會想到要把它洗掉。反之，這時候他就會像一個發了瘋的畫家一樣，說：「我的顏料就是我的一部分，它們弄髒了我的手指，我一點辦法都沒有。」

許多抱持這種想法的人會說：「沒辦法，我的性格早在童年就決定了，長大後無能為力。」或是：「沒辦法，我已經被人家傷害了，我再也不信任人了。」可是當下就是威力之點，當下就能改變信念、改變投射、恢復健康、改善人際關係。那些常常說「來不及」的人，就像畫家說：「我的手上沾滿顏料，來不及了，我死定了。」一樣。其實我們此時此刻都能大幅改變人生。

各種限制性觀念像一張束縛之網，使心智堆滿殘礫，造成阻礙

自然而然地覺知我們的思想與我們主動去檢視一個思想之間，並沒有矛盾——雖然好像是有。發乎自然這回事並不需要在盲目的情形下才能辦到，當我們不加分辨地把所有臨到頭上來的資料照單全收，把它當成自己的東西，我們就不是順其自然。

父母常常要孩子聽話，其實不對，應該是要孩子聽了之後，自己判斷吸收。對於別人說的話，要過濾一下，有好處的才吸收進來，而非不假思索，照單全收。我們不會把看到的東西全都塞進嘴巴，卻會把很多外來的思想植入腦袋，信以為真，就像先生罵太太笨蛋，而太太把它當真一樣。所以，我們對自己的思想是否有覺察，這一點很重要。

如果我們真能順其自然的話，很多的信念就會自動脫離，完全不造成任何傷害。可惜我們非但沒有這樣做，反而經常變成了這些有害信念的庇護所。就像我輔導一位新疆的女同學，她在工程界做生意的對象都是男人，她說那些男人對她別有所圖，讓她再也不相信男人。

我跟她說：「可是我也是男人耶！怎麼辦？其實妳這輩子遇到的男人就是那幾個老闆、妳先生、加上妳爸爸，他們只占全世界男人的幾分之一呀！如果因為這樣，就認為全世界的男人都不值得相信，這是好的信念嗎？」當然不是。我們真的要好好檢視，自己從小到大有多少深信不疑的信念。

先前已經被我們接受的各種限制性觀念會像一張束縛之網，專門收集其他類似的資料，使得我們的心智漸漸堆滿了殘礫，垃圾、阻礙物，這就是神秀大師說的：「時時勤拂拭，勿使惹塵埃。」指的是我們的心經常被很多灰塵、不信任沾滿了，對外對內都不信任。

像戴眼鏡的人就知道，要是眼鏡很髒，看出去的世界會亂七八糟。很多人的人生正是如此，眼鏡上滿是灰塵、油漬，看出去的世界人人都很糟糕、生活不好、經濟不好、健康不好，那是因為眼鏡出問題了。此時要趕快把它擦乾淨，這叫明心見性，去檢視究竟是哪個扭曲的限制性信念造成阻礙，趕快拿掉，生命就開始充滿活力了。

當我們是自發的時候，就能接受自己心智的自由天性，我們的心智也仍會自然地在它們收到的資料中自發地進行去蕪存菁的工作。可是當我們拒絕讓它去做這件事，我們的心智就開始變得雜亂了起來。我常說賽斯多慈悲呀！他一直告訴我們，只要順其自然，我們的心智就會自動去做，問題之所以會產生，不是它不這樣做，而是我們不讓它做。

很多人問我：「怎麼樣才能快樂？怎麼樣才能明心見性？怎麼樣才能賺得到錢？怎麼樣才能從末期癌症當中療癒？」我說：「不要讓自己不快樂，就會變快樂了；不要不明心見性，就明心見性了；不要努力讓自己虧錢，就能賺錢；不要全力阻止自己從末期癌症療癒，就開始療癒了。」賽斯心法很好玩，永遠不是用力，而是回到輕鬆。因為生命的本質是豐富，人的意識心自然而然會發揮，富足是人的本能和本性，就像萬有引力一樣，大家要慢慢去體會。

比如說，有個生病的學員想知道如何能康復？做法就是不要持續讓自己生病，不要讓自己不快樂，也不要投射負面的能量讓自己悲哀。他跟我說姐姐一直給他壓力，後來姐姐說自己不是給他壓力，而是愛他。這時他只要去跟姐姐說：「給我愛，不要給我期望；給我支持，不一定要給我意見。」

萬事萬物只要回到簡單就是自然，自然而然就會健康、會快樂、會痊癒，精神與物質自然而然都會富足。像是不憋氣，自然而然就在呼吸，所以只要不阻止身體療癒，就能讓自己加速療癒，這就是神奇之道，就是賽斯心法。我也常常自我檢視，看看內心是否累積許多恐懼，恐懼的來源就是限制性信念。

14-2

錯誤的信念就是在先天上無法與內我基本狀況相合的信念

（《個人實相》第四十九頁第四行）蘋果樹開不出紫羅蘭，因為蘋果樹十分自動地知道自己是什麼，以及它自己的本色和存在的架構。我們有一個意識心，但是意識心只不過是心智「最表面」的部分而已。我們一輩子以為的自己，只不過是心智最表層的那一部分。因此，每個人終其一生所認識的自己，都只是自己的一小部分。

整個心智為我們開放的程度遠大過於我們的想像。意思是心智可以擴展，我們可以覺察到更多。因而，我們具備的知識可以更多地被帶入意識裡，而為我們所覺知。我們更能把潛意識的訊息、內在的訊息帶入知覺裡，這就是所謂的潛能開發。

可是，一個錯誤且限制性的信念，對我們的天性而言，其含糊曖昧就如同一株自以為是紫羅蘭的蘋果樹一樣。一個限制性和錯誤的信念會障蔽住我們，使我們無法從內我、內在汲取智慧、知識、及有益的直覺性洞見。

它沒辦法開出紫羅蘭，而當它在如此嘗試時，又作不了一棵好的蘋果樹。要知道，錯誤的信念就是在先天上無法與我們的內我基本狀況相合的信念。錯誤的信念就是所謂的習性，許多修行人一輩子在修的就是習性和習氣。習氣是指不好的信念，但是不好的信念不見得是它本身不好。例如，某甲對某乙說：「你這個習氣不好。」這是某甲外在的觀點，而且落入了二元對立的分別心，某乙的習氣不見得真的不好。

很多時候我們往往分不清究竟某個習氣本身是錯的，還是當事人有問題，而習氣根本沒問題。假設某丙有愛發脾氣的習氣，愛發脾氣的確是不好，可是這種習氣能說改就改嗎？不能，要去瞭解他為什麼會發脾氣，瞭解他自己的內在。所謂的修習氣本身很容易修錯，因為大家太容易貼錯標籤，把很多東西都當成習氣，修到後來沒有習氣、沒有脾氣，也沒有生氣、沒有活力了。

信念本身沒有對錯，判別信念好壞的標準有二個：第一、這個信念是否能與我們內在的智慧相合；第二、這個信念創造出來後，是否能產生好的實相。舉例來說，內我的核心信念是「天生我材必有用」，要是某丁抱持的信念是：「我是個沒用的傢伙。」或「沒賺到錢就表示我很沒用。」這些信念與內我抵觸，因此都不是好的信念。

我最近在輔導很多精神分裂患者，慢慢掌握到關鍵。我發現他們都有固著式思考，比如說，患者認為長大後就要完成學業，學業完成後就要工作賺錢，而且要找技術性的工作，能在辦公室吹冷氣，月入至少三、四萬，否則就不做。一個精神病患容易找到這種工作嗎？不能，但是他完全無法彈性思考。

不要以為只有精神病患會陷入這種固著式思考，一般人也會，像是有人會說：「我一輩子沒念到台大，表示我不是優秀的學生；我沒有好的婚姻，表示我是個失敗的人。」很多人的固著式思考，是要依循一二三四五的步驟，如果沒有四就不能有五，所以大家的思考一定要靈活有彈性，碰到阻礙要轉彎，不要讓限制性信念阻礙了自己。

是我們自己選擇了童年環境，且安排人生的各種挑戰

因此，如果一個人相信自己是身不由主、受外境控制的話，就是懷抱一個錯誤的信念。抱持這種想法的人都迷失了，他們相信：「我做不了主，父母要我嫁給那個王先生，我不能不嫁給他。」身不由己、無法掌控外境都是錯誤的信念，因為這並不符合人的內我，內我只有一個最堅強的信念：「我創造我自己的實相」，也就是「事在人為」。外界沒有的現實，不代表我們沒有這個實力，而是代表我們自己要把這個現實創造出來。

如果一個人認為目前的處境非一己之力所能改變，他就是懷抱著一個錯誤的信念。賽斯說得很斬釘截鐵，可是許多人哀嚎：「我的配偶不肯改變，我無能為力。」「我的老闆這樣要求我，我無法改變目前的處境。」他們在面對親子關係、疾病、困境時，都交出了自己的力量。請大家從現在起，重新建立一個能符合內我狀況的信念，那就是：「外境是由心境決定」，然後不斷地自我覺察。

在我們童年環境的發展過程裡，我們也插了一手，我們選擇了那個環境。傳統心理學說，我們沒有資格選擇父母親，我們是迫不得已出生在這

裡。但賽斯說，其實是我們自己選擇要來投胎，而且投胎前做了市場調查，選擇了這對父母，所以不要再抱怨兩位無辜的老人家。我也常叫學員去跟孩子說：「沒人叫你來，是你自己要來，認命吧！」

我們不但在投胎前預先選擇了父母，連童年的成長環境自己也插了一手。很多人認為童年不能掌握，是被迫接受的，其實不然。那是因為他們不懂得意識心、不懂得內我，才會說：「我沒有權利決定我的童年，我的童年好不快樂，所以今天得到憂鬱症。」如果說，是童年的自己害現在的自己得到憂鬱症，那又是誰害了童年的自己呢？是那顆精子嗎？不是。

可是賽斯這句話的意思，並不是說我們就理應受到那些際遇的支配。沒有人受到自己童年成長過程所支配，因為我們也參與了那個過程，自己選擇了童年成長的環境。

賽斯這句話的用意是在點明：安排這些挑戰的是自己，為的是克服它；訂定目標的也是自己，為的是達成它；佈置好經驗的各種架構的也是自己，為的是讓自己能藉由這個過程成長、瞭解及完成某些能力。這句話一定要反覆思索，例如生病的人要思考：是誰吸引了這個疾病？是自己為了要討愛、要逃避壓力、要休息、要得到眾人的關心。明白了這一點，就能拿回力量，讓自己當下好起來，明白本身就是智慧，智慧就會帶來解脫和力量，那些怪細菌、怪遺傳的人，就準備當受害者吧！賽斯家族裡沒有受害者。

14-3

每個人都為這一生選了特別的主題，在此架構下仍有無數的可行方向及資源

（《個人實相》第五十頁第一行）我們形成自己經驗的這個創造能力，現在還在我們之內，就像它向來都在我們之內一樣，從我們一出生就有，在我們出生之前也一樣存在。這就是佛性，佛性就是創造性，佛性就是我不斷地形成自己的經驗，佛性就是「我創造我自己的實相」，佛性就是我創造了自己的疾病，也創造出自己的健康。

我們為這一生也許選擇了一個特別的主題，一個特定的條件架構，但是，在這些條件下，我們還是有去實驗與創造的自由，從而改變情況和事件。賽斯一直強調，就算每個人身處在目前的環境，擁有現在的父母親和婚姻，情況依舊能大幅改變，但前提是必須相信自己有這個能力。

每一個人都為自己選擇了個別的模式，以便讓自己能在這個範圍內創造個人的實相，即使如此，在這個界限之內，還是有無數的可行方向以及無限的可用資源。假設個案跟我說：「許醫師，我希望能有人在我難過時幫助我，但我又不想給對方添麻煩，怎麼辦？」我會說：「這叫做二元思維，你可以找那種願意提供協助，又很喜歡被你麻煩的人啊！賽斯家族裡這種人很多。」

人的思維常常落入二元對立，像有的父母說：「我希望孩子快樂，不希望逼他念書害他痛苦，可是擔心孩子快樂了，功課又不好。」為什麼不能讓孩子快樂學習，功課又很好呢？或是有的女人會說：「我到底要嫁一個很窮可是我愛的人，還是嫁一個很有錢可是我不愛的人呢？」為什麼不能嫁一個很有錢、也彼此相愛的人呢？或是對方現在雖然很窮，可是兩人在一起後就變得有錢了，不可以嗎？

頭腦通、萬事通，所有的問題都很容易解決，只是我們過去的思維習慣把自己卡住了，問題本身根本不存在，唯一要改變的不是事實本身，而是改變自己的思維模式，這就是賽斯一直在講的橋梁信念。比如說，某甲想去做他喜歡的工作，可是都找不到，其實他可以騎驢找馬，先找沒那麼喜歡但賺得到錢的工作，等賺到錢之後再培養一點技能，慢慢找更喜歡的工作。

我曾說過：「人如果會死，都是被自己的思想害死。」所有的掙扎和痛苦都是因為思想打結，罹患身心疾病的人都是如此，他們有個內在的自己打結了，就像電腦當機，必須重新開機。

我們的邏輯思考常常非黑即白，不是一就是二。可是一和二之間還有一．五；一．五和二之間還有一．七五；一．七五和二之間還有一．八七五。誰說一定要在得罪對方和自我壓抑之間二選一？難道不能既表達出來，又不會得罪對方，或是就算得罪了對方，對方也只能無可奈何。請記得，所有的事情都有無數的可行方向，還有無限的可用資源。

剷除了錯誤的信念，意識心便能再度與自己內在本體的力量取得連結

內我被啟動，開始努力進行一個刺激的行動，學習把自己的實相轉譯成物質形式。內我就是用來創造實相，可以把內在的意念變成實質的物質形式，如果沒方法就自己找方法。

那麼，意識心是非常能幹地把自己的注意力調準到物質實相，可是意識心卻常常目迷五色，而生出了種種錯覺，誤將本來是「果」的世間萬象變成了「因」。這就叫因果顛倒。賽斯這裡在講因果，信念是因，實相是果，也就是佛法講的無明。所謂的無明是意識心被外在物質實相迷惑，而產生種種的錯覺，倒因為果，就像現代的醫學一樣，治標不治本，治身體卻沒有治心靈，其實心靈為因，肉體為果。

這還不打緊，因為「我」的較深部分永遠都在做提醒的工作，告訴意識心並非如此，但當意識心接受了太多錯誤信念，特別是當意識心一口咬定內我是個危險的東西時，這種提醒服務就被關掉了。內在的本體、內我、直覺、洞見、靈感、第六感一直在提醒我們，想提供協助，可是如果我們太固執，不相信自己、不相信別人，此時所有的提醒服務都會被關掉。

這種情形發生時，意識心就會覺得自己遭到了環境的痛擊，覺得渺小的自己在無可抗拒的大環境下，只有任憑宰割的份。在這同時，意識心原應安身立命於其上的深深安全感也全然喪失。這就是現代人類的處境，既孤獨又無助，覺得被外界環境所左右。生了病就覺得自己無能為力，會說：「死神好可怕喔！隨時要來帶我走。」

其實死神從頭到尾都是被栽贓的，就像我曾跟一個使用毒品的學員說：「都是因為你，害毒品一直被污名化，明明是你不想面對痛苦、不想面對人生，才藉由毒品逃避，還把所有的罪名都推給它。」也有一些父母說：「都是毒品害了我孩子的一生，讓孩子誤入歧途。」其實根本原因是孩子不肯面對現實，用毒品作為理由；問題出在人、而非毒品，毒品只是代罪羔羊。

每個人都要負起對自己的責任，不要覺得自己很渺小、無能為力，只有任憑宰割，頻頻怪罪大環境和周遭的人。很多現代人就是處在這種痛苦的洪流當中，一遇到挫折或打擊就手忙腳亂，本來意識心應該要安身立命於其上的深深安全感也蕩然無存。

這些錯誤的信念必須連根剷除。賽斯很少說這麼重的話，因為這些錯誤的信念就像內心盤根錯節的負面思維習慣，必須連根剷除，以使意識心能再度對自己的本源有所覺知，並對它可用的通往各種殊勝力量的內在管道開放。

內我就像吃到飽餐廳，應有盡有，可是如果被內在錯誤的信念障礙住自己，則叫天天不應，叫地地不靈，無法跟內在管道連結。不論是來看我門診或是讀賽斯書的學員，都是在清除這些信念，以便能重新與自己內在本體的力量取得連結，這個力量也就是感覺基調。

14-4

謬誤的信念會造成僵化的自我，歪曲了意識心的感知

（《個人實相》第五十頁最後一行）可以這麼說，「自我」（ego）是意識心生出的一根旁枝。意識心像是一具龐大的照相機，自我則在指揮這個照相機如何取景與運用焦點。賽斯指的是流動，流動就是意識心表面生出了一個自我。意識心像照相機，提供整體運作的功能，自我意識則像照相機的鏡頭，決定如何取景。

同樣的世界為什麼有些人活得開心自在，老是看到這個世界的美好、遇見貴人，而有些人活得痛苦不堪，老是被陷害、詐欺、倒帳？這都是自我意識取景的結果，就像到了風景區，不照美景，專門照垃圾桶，一趟玩下來照了三十個垃圾桶的畫面。每個人都要開始檢視自己如何運用鏡頭，究竟是集中焦點在健康還是疾病？富足還是貧困？人性的美好還是醜陋？

若不去干涉的話，我們本體的各個部分會自動升起，造成自我，打散，然後再造個新自我。在整個過程中，始終維持一種奇妙的自發性，也始終保持著自己整體一如的感覺。本來自我是組合、運作、打散、重新再來，它是不斷流轉的現象，可是有些人的自我僵化了，變成我執，把過去的習性帶到今天來，例如，只不過遇到一個壞女人，造成第一段婚姻痛苦不堪，就認為全天下沒有一個好女人，這就是自我意識，有時候自我意識一旦形成了某些觀念、看法，就不再容許它們改變，就像在台灣說台語，到了美國還在跟黑人說台語一樣。因此，自我要隨著不同的時空彈性調整。

「自我」顯現出來的，就是我們對身處這個世界中的自己具有的「物質形象」所抱持的「觀念」。因此，我們的自我形象並不是無意識的，相反的，我們對它相當清楚——雖然我們常常會選擇排斥或接受某些自己對「自我形象」所生出的想法。謬誤的信念會造成一個僵化的「自我」，它堅持把意識心只往單一方向運用，而更加歪曲了意識心的感知。

例如某甲曾經事業失敗，於是開始相信自己是個失敗的人，把他的自我意識塑造成失敗者，在未來的人生都自認為很失敗，這就是我執。又例如某乙在小學時成績很好，到了國、高中成績不好，於是相信自己是個功課不好的人，開始覺得自己不夠優秀，後半輩子不再對自己有信心，這也是我執。

我講過，如果想成功，就把相信不會成功的那個自己拿掉；如果想變聰明，就把相信自己很笨的那個自己拿掉，打散重組，由內在另一個覺得自己很棒的自己來取代。

你所要做的就是「容許」。生病的人要容許一個健康的自己來取代；痛苦的人要容許一個快樂的自己來取代；不被愛的人要容許一個相信值得被愛的自己來取代；生活很辛苦的人，要容許一個輕鬆不費力又很會賺錢的自己來取代；擔心恐懼的人，要容許一個帶著信任感、不再擔心的自己來取代。

開放內心，向內在潛意識召喚，容許內在宇宙無限的智慧進入，容許自己被宇宙的愛、智慧、創造力所充滿。請放掉我執，不要執著在自己不夠好、不健康、沒能力、不快樂，請放掉那個覺得自己很糟糕的自己，容許內在無限的自己來取代。以我為例，有些事情我不一定會做，也不見得做得很好，可是我會容許內在那個會做的我、那個很棒的我，來取代原來覺得不會的那個我。

每一個自我本來就是不斷被取代，而且這個過程是自然而然發生，不是強求也不用暴力。可是，一旦執著於某一個自我，那個自我就不再被取代了。

細聽自己連續不斷的念頭，檢視自己給自己的暗示與觀念

我們往往會有意地把某個可能會改變行為的觀念或想法埋掉，因為這個觀念或想法似乎與我們已有的限制性觀念不合，賽斯要我們在碌碌終日之際，細聽自己那連續不斷的念頭，我們到底在給自己什麼暗示與觀念？

例如，我請某位學員接下台北醫學大學的某場演講，他說：「我不會。」這就是一個限制性信念，他內心不斷進行的念頭是：「我覺得我不行、我不會、我做不到。」正是這些念頭阻礙了他。所以，每個人都要檢視自己給自己什麼暗示與觀念。

不要忘了，所有這些都會一一在我們的個人經驗中具現出來。比如說，我在跟個案做治療時，常常告訴個案一個做法，他馬上回答：「許醫師，你這個方法聽起來有道理，但是……。」他覺得我的方法有道理，為什麼接著

說「但是……」？因為他用自己原來的思維去取代了。

我會跟個案說：「對呀！如果我跟你說這個做法，你沒有回答『但是……』才奇怪呢！因為你過去一輩子的行為，都是你一輩子觀念的結果，你永遠在自己裡面，從來沒有用一個全新的思維去嘗試，所以人生才會變成今天這個樣子。」

所有面臨身心痛苦和困境的人，例如精神疾患、重大疾病、癌症等，內心一定都很固執，生病就是要他們打破那個我執，以獲得新生，不要再被原來的自我緊緊框住了脖子。

我們在這邊學的是自我裡面不斷更新，每個人都要明白自己到底有多固執，不明白的人不妨問問家人朋友，就會知道答案。絕對不要忘記每個人都在他的固執裡，我也不例外，但是我們要去看到自己處在哪一個固執裡面，一旦這個固執出了問題，就會遇上麻煩。

14-5

一心專注在惡或恨的人，就是在製造它們

（《個人實相》第五十一頁倒數第六行）許多相當「限制性的想法」會在「善」的偽裝下逃過了我們的審查。比如說，如果一個人嫉惡如仇，或痛恨那些他看來似為邪惡的東西，他可能覺得自己這種品德滿高尚的。但是如果一個人專注在「惡」上或是一心集中於「恨」的時候，就是在製造它們。

不要以為將過錯推給別人，視自己為被欺負的受害者，就可以不必負起責任，其實這些人是在創造加害人，他們專注在悲慘的命運，覺得都是別人對不起他們。因此，賽斯說，不管是否自認為正義、高尚的人，只要專注在惡或恨上面，就是在製造它們，專注什麼就得到什麼，專注就是創造。

其他像是專注在疾病、人性的自私面、家人的不負責任等，都是自己創造出來的實相，所以，受害者也要負起自己受害的責任，先捫心自問：「為什麼我要把自己創造成一個受害者？」

有人會說：「那不是我的問題，是別人害我的。」我會回答：「為什麼你會被人家害？為什麼對方不害其他人而害你？」這些人要開始為自己的實相負責，他們往往認為周遭的人都在無理取鬧、欺壓自己、占自己的便宜，於是看起來像是在寬恕旁人，沉浸在自認為高尚的角色裡。

我從來就不想寬恕任何人，因為我沒打算讓任何人對不起我、傷害我。那些想寬恕別人的人，得先吸引別人用不合理、不正義的方式來欺負自己，例如，被家暴二十年，累積了二十年的辛酸和苦難，然後再去修如何寬恕的功夫，我才不想修這個呢！

那些自以為在付出、包容的人，其實並不高尚，而是共犯，他們吸引別人用一種不在乎、輕蔑的態度對待自己，讓自己吃盡苦頭、受盡委屈，然後默默忍耐。可是真的忍得住嗎？通常不行。真正的慈悲是從剛開始就不被別人欺壓，如此一來，就能阻止整件事發生。

再者，如果一個人家境貧寒，也可能會以貧窮為是，轉而瞧不起有錢人，告訴自己「錢不是好東西」的觀念。吃不到葡萄說葡萄酸，就像我常常說，很多偉人身高都不高，因為身高不高的人就必須要志氣高，這就是酸葡萄心態嘛！我自我安慰一下。很多賺不到錢的人會覺得有錢人都不是好東西，也是一樣的道理。

如果這個人告訴自己錢不是好東西，反而導致他窮上加窮。我一直告訴大家，希望賽斯家族越來越健康，生活越來越富足，我們從來不認為貧窮會使道德更高，貧窮道德才會高是窮人自我安慰的話語，道德高低與貧窮無關。

如果一個人有病在身，可能會發現自己念念不忘淒慘境遇，對身體健康的人既恨又妒，同時又悲歎自己的情形——因而經由他的思想使病況更長存下去。很多兒童從生病中得到甜頭，一生病就得到疼愛，不會被父母責備，不必上學，該盡的義務也不用做了。我教過大家，要用兒童的病好起來獎賞他，父母當然要先安慰他、鼓勵他，然後說：「如果你三天好起來，也許我們可以到東京迪士尼遊樂園；七天好起來到動物園；十天好起來到對面的便利商店，你自己決定吧！」父母釋出誠意，用疾病痊癒提供了三個獎賞，而不是用生病作為獎賞。

賽斯也說過，為什麼很多人會有暴食症？因為每次生日就是吃，慶祝節日也是吃，所以吃與好心情連結在一起，只要心情不好、覺得孤單，就會一直吃，這就是所謂的聯想。

而生病通常與自憐脫不了關係，自認為可憐的人就會繼續生病，透過生病來得到憐愛。例如，精神分裂症的人就是否定了自己的力量；全世界只有自己才能否定自己的力量，一旦如此，就把一個自己區隔開來，壓抑下去，然後開始面無表情、沒有動作。

我也說過，一個脾氣不好的人，請不要一下子變得太好，那個脾氣不好的自己代表了一個強而有力的人格，脾氣一下子突然變好，不是把那個人格的能量抽出來，而是壓下去，所以很快會生病。因此，改過向善太快的人容易生病，要慢慢來，叫漸修，但是如果悟性夠高，就沒問題。

我這裡要表達的是，我們人格一些強而有力的部分常常被壓抑下去，變成幻聽的自己、生病的自己。因此，人格不得否定自己的力量，否則那個強而有力的自己被壓下去後，還要用更多的能量再去壓原先那股能量，此時內在會產生很大的痛苦。

憎恨戰爭不會帶來和平，熱愛和平才會帶來和平

如果一個人長住在限制中，就會處處碰到限制。賽斯心法一直在講，外面沒有敵人，困難絕對不在外面，如果遇到限制，限制也不在外面，而是在自己內心。

我常問很多人：「你覺得你的人生是左右逢源？還是在夾縫中求生存？」這兩個選項代表了一個人的內心。如果一個人在潛意識層面不會自我打壓，外在實相絕對不會遇到一個拼命打壓他的人，因為外境即心境；可是，如果他內在對權威心生恐懼，在外面一定會遇到一個權威的人讓他害怕，所有一切皆源自於內心。

賽斯家族與全世界的人最大的不同之處，在於我們是一群拿回自己力量的人。一般人的思維是「外歸因」，老闆不器重我、同事排擠我、某個部門在扯我的後腿，所以我會痛苦，不成功都是別人造成的；而賽斯家族的思維是「內歸因」，只有一句話：我創造我自己的實相。把所有的外歸因都轉成內歸因，才能拿回自己的力量、明白實相是由自己創造的。

但是我也知道，一般人在人生當中很多東西都行不通，因為我們從小到

大學到的思考方式都是外歸因，例如，賺不到錢是因為店面租金太高，或是想換工作時機不對等等，一直在找一個足以解釋的原因，從頭到尾都沒有展現出自己的力量。進入賽斯心法後，會看到解脫和自在，知道真正的原因是自己內在的信念。我不是說我不會遇到困難、阻礙，可是我的心境不一樣，一切都要回到「我創造我自己的實相」這句話。

如果一個人長住在限制中，就會處處碰到限制，他一定要在自己心中創造新的畫面。他建立的這個新畫面，不可避免地一定會與感官告訴他的畫面有所衝突，而這些相異之處就是他要下功夫改變的地方。剛開始接觸賽斯心法一定會經歷混亂期，思索到底自己要用過去的思維還是用新信念？到底要用過去慣性的邏輯還是新方法做事？這些衝擊就是要下功夫的地方。

憎恨戰爭並不會帶來和平，只有熱愛和平才能真正帶來和平。憎恨疾病不會帶來健康，愛好健康才能得到健康；憎恨金錢不會帶來財富，只有對金錢的熱愛才會帶來財富。可是這種熱愛不是貪財，而是君子愛財取之有道，肯定金錢的能量，肯定財富帶來的自由、創造力，藉此去散發更多的愛。

第15講

15-1

意識心不停在變，既可以看到外界實相，又可以向內觀照

（《個人實相》第五十三頁第六行）賽斯很清楚，他告訴我們的話裡面，很多地方會和我們當中一些人的信念互相衝突，那些人就是接受「意識心相對來說沒有力量，以及問題的答案藏在底下」這個觀念的人。

很多人會覺得對自己身上的疾病沒有力量，其實讓疾病痊癒的力量就在內心，只是從出生到現在沒有人告訴我們這件事。像台中有個學員最近讓我很感動，她罹患了三十一年的類風濕關節炎，吃了三十一年的藥，兩隻手的關節腫得像鵪鶉蛋那麼大，都變形了，可是進入我們基金會才三個月，開始上台跳舞、演戲，發炎指數從四點多降到一點多。

很多人相信意識心沒有力量，也不相信自己可以找得到問題的答案。我們這邊剛好相反，我們認為意識心有力量，問題的答案永遠可以得到。

顯然，意識心不是一個「東西」，而是一種「現象」，意識心不停地在變。自我可以把意識心集中或轉向無數的方向，意識心既可以看到外界實相，又可以轉而向內，觀察自己的內容。意識心可以向內自我覺察，尋求內在的答案和力量，也可以向外尋求協助。可是大多數人的意識心已經缺乏向內觀照的力量，因為他們認命了，不相信自己可以創造自己的實相，也不相信自己可以讓疾病痊癒或改變命運。

在意識心的活動裡，有各種等級和波動起伏，意識心的彈性遠大過於我們的認定。自我幾乎可以完全把意識心當作感知符合其信念的外在或內在實相的一種方法。意識心有很大的彈性、很大的能力，可是自我可以把意識心蒙蔽住，這就是我執，也就是限制性觀念。所以我們都要看到自己有多少意念的執著。

因此，問題不是出在某些答案沒有公然任人取用，而是出在我們常常把自己設定在我們相信的行動方向上，任何可能與我們當前信念有所衝突的資料，我們根本都不想要開放自己去接納。一旦我們認定了某個派別、某個觀念，就完全排斥其他的方向，不再開放自己其他的部分。

生病的人若想徹底恢復而不患上新的症狀，就必須找到生病的理由

舉個例子，如果一個人病了，必有其原因，想要徹底地恢復而不患上新的症狀，就必須找出生這個病的理由。有些人會說：「我又不是微生物專家，也不是醫學專家，怎麼找得出生病的理由呢？」「我生病就是感冒，感冒就是病菌啊！」「我生病就是抽太多煙，得到肺癌啊！」「我生病就是因為吃到太多農藥，得到肝癌啊！」「我生病就是我的體質啊！」是這樣嗎？不是。

這個人可能並不喜歡他的病，但這個病卻是他擇定的「路線」或「方向」。只要他一天認為這個方向有其必要，這些症狀就會一天留在他身上。大家要去覺察自己的每一個實相，包括生病這件事，要覺察到生病是自己擇定的路線和方向，去找大師或名醫都沒有用。萬法唯心，要找出自己得到這個病背後的原因。

比如說我常講，得到類風濕關節炎真好，為什麼？當事人終於不用那麼辛苦的勞動，因為她心裡其實不願意這麼辛苦，覺得不甘願付出，又沒有一個明確的理由可以讓自己休息。生病後，每天早上先花兩個小時暖一下關

節、做復健，不用再當苦命的老媽子，得這個病真好啊！

生這個病的原因，或許是由於某一個特定的信念，或是多個信念複合在一起的結果。生病的人請為自己找出原因，檢視這場病是由哪些信念帶來的結果，例如：「只有生病才能休息」「只有死亡才能帶來永恆的安息」「只要活著的一天就見不得家人受苦，要扛起整個家的重擔」。說來諷刺，唯有死神可以解除這種人的人生苦難，幫他們卸下身上的重責大任。

當然，這些信念對這個人而言會像是一個事實，而不像是信念。一旦他瞭解是他造成了自己的實相之後，就得開始去檢驗一下這些信念，即藉由釋放自己的意識心，讓意識心自由自在地審查自己的內容。解救之道在於釋放意識心，讓意識心開始自動掃毒，掃除內在的限制性信念，因為本來意識心就有這個功能，只是我們都用自我意識、限制性的信念綁架了意識心，不讓意識心向內掃毒。比如說，有些人覺得要為自己的手足負責任，可是負責任分很多種，最高等的負責任方式，是容許別人為自己負責，這才是真正為別人負責的做法。

15-2

賽斯心法讓問題變得很簡單，答案都在桌面上，不是藏在角落

（《個人實相》第五十四頁第六行）通常「心理分析」只不過是一場躲迷藏的遊戲，在其中，一個人不斷地放棄自己對自己行為與處境的責任，而把事情發生的根本原因指派給自己心靈的某一個區域，某個藏在「過去」這座黑暗森林裡的區域。然後，他給了自己找出這個祕密的任務，在這樣做時，永遠都不會想到去自己的「意識心」裡找找看。

很多人說，一定要回到前世才能找到問題的癥結，或是一定要回到小時候去找，因為一、兩歲是養成了他們這輩子性格的關鍵時期。可是賽斯說，沒那麼複雜、沒那麼遙遠，當下的意識心就可以找到答案。

因為這個人已先入為主地認為所有深層的答案都藏得很深。其實一點都不深，像有時候我問學員：「要不要說說看你為什麼會生病？」他想了好久，我就會說：「不必想那麼久，只要嘴巴張開，說出來的第一句話就是答案。」賽斯心法就是這麼簡單，答案都在桌面上，不是藏在角落。

以前讀地理時，說台灣的煤礦要深入地底下一、兩公里開挖，可是讀到大陸的煤礦是在馬路上，用挖土機就可以挖了，很好玩。賽斯心法就是挖土機，答案就在表層，不在很深的地方，第一個說出來的直覺就是了，一點都不難。

很多人已先入為主地認為所有深層的答案都藏得很深——並且，意識心非但幫不上忙，反而會不斷地在尋找的途中設下偽裝。於是，遊戲就一直玩了下去。很多人之前做了好久的心理治療，後來來找我，我常常第一句話就直接把答案說出來了，例如，我會跟個案說：「很簡單，你就是自卑。」但是大家不要學我，否則找太快，別人會說你沒學問，所以要慢慢繞。有時候，治療師明明知道正門在那裡，但是要從後門繞進去，必須陪著個案玩遊戲，因為個案需要的是過程，要幫助他們誠實地面對自己的內在。

每個人認為的一切都是出於自己的想法，當下改變信念一切就能改變

如果一個人在這個自欺的遊戲中有所醒悟，而改變了自己的信念，那麼任何適當地「被遺忘掉」的事件，都將會用為一種觸媒劑，每個都很好用。例如，某甲說：「原來是小時候爸媽常把我一個人丟在家，害我現在喜歡孤獨。」某乙說：「原來是我第一次談戀愛時，那個男人不分青紅皂白就跟我分手了，害我現在喜歡自我放棄。」任何一個事件都很好用，不論找到什麼可能的解答都好，因為重點不在於那件事，而在於當事人覺得找到了，進而能達到改變信念的目的。

像上述的某甲發現：「小時候以為爸媽不愛我，都不在我身邊；後來長大才知道爸媽不是不愛我，而是他們好愛我，想讓我上最好的學校，所以都去加班了。」或是某乙發現：「原來當年是因為他自卑、配不上我，才跟我分手的，不是我不夠好。」信念改變，一切就改變了。不論找到的是過去什麼記憶，都是用來改變信念的手段和工具而已。

從賽斯心法的角度，完全不探討過去，直接改變信念也可以，探討那些東西只不過是敲敲邊鼓，讓人以為找到了，其實最終還是要回來改變信念。

那些說「原來我以前就是因為……，所以今天才會……」的人，都是在找藉口罷了，賽斯心法的操作永遠在當下，當下改變一切。

然而，那些基本信念總是藏在我們的意識心，也一直都是我們各種作為的原因，我們只是未曾懷著這種覺悟——即我們的信念未必是實相，卻常是我們對實相的觀念——去檢查意識心的內容。每個人所認為的一切都是出於自己的想法，而不是事實，例如，不論某丙認為人生是左右逢源或四處碰壁，都不是事實，而是他的想法。

一切的力量、一切的轉變，都是來自當下內在的信念，與外在條件沒有直接關係。像很多人說：「這個世界誰都幫不了我。」這是信念還是事實？絕對是信念。雖然這可能是他們體驗到的事實，但沒有事實只有信念，信念創造實相。大家要去覺察自己的內在，去修煉賽斯心法。

15-3

人的內在會提供靈感、創造力、指引，不必費力向外求

（《個人實相》第五十四頁最後一行）那些基本信念總是藏在我們的意識心中，也一直都是我們各種作為的原因，我們只是未曾懷著這種覺悟——即我們的信念未必是實相，卻常是我們對實相的觀念——去檢查意識心的內容。信念不代表事實本身，有些人對於自己所看到和認知的事實深信不疑，從來沒有回過頭去問：「我這樣看、我這樣認為是真的嗎？」他們的認知只是對實相的一種觀點，不代表事實。

有時候，我常常會有一個很有趣的想像，每個人對同一個世界、同一件事情，都可以有不一樣的角度，我甚至懷疑，我看出去的世界和其他人看出去的世界，究竟有多大的差異？我們以為我們在同一個世界，以為我們在看同一件事，但是誤會大了，每個人真的只活在自己的世界裡。

賽斯在《靈魂永生》還說過一句讓我快噴血的話：「你們真的以為你們是活在一個共同一致性的世界裡嗎？」他的意思是，我們所有人對我們所處的環境是在異中求同，如果我們看到了其他人看世界的角度，真的會懷疑我們並不是在同一個世界裡。就像一對夫妻真的在同一個婚姻裡嗎？那叫一婚各表，即同樣在一個婚姻裡面，卻各自表述，因此常常雞同鴨講。

我們都只對準共同認可的地方，要是對準的是那些不一致的地方，可能會懷疑我們是在同一個實相中嗎？實相的確因人而異，我看到的這個美景可能只有我覺得美，旁邊的人看到了同樣的景色也許很難過，每個人都活在各自不同的實相裡。

在「心理分析」的遊戲裡，我們又被灌輸了一個設定好的程式，使得我們深信「無意識」既是這樣黑暗祕密的根源，就不能被依賴為任何創造或靈感的苗床。如此，我們又否定了內在那些部分的自己可以給予意識的協助。傳統的精神分析和心理治療的理論，認為無意識是不可信任的，而且潛意識裡有非常多的黑暗面，包括不堪的童年或前世的業障；此時，我們如何能信任自己的內心？如何信任內在有一個充滿智慧的自己、有個創造或靈感的苗床？

因此，過去一、兩百年的心理學帶來了最可怕的後遺症，就是導致人類不再相信自己的內心，也不相信內在是靈感和創造力的苗床，讓人覺得外在的實相或科學，才是我們唯一能信任的。但問題是我們往往又信不過它們，就像很多學員生病了，想信任醫學，一旦醫學不能信任，又能信任誰？所以眾生非常苦，而有些另類醫學或騙人的把戲，利用人們徬徨無助、對正統醫療不再有信心時，提供一絲希望，讓病人願意掏錢。至於真的有療效嗎？不知道，不少人因此受騙上當。

人類為什麼會陷入這樣的痛苦？因為人不再相信自己的內在，不再相信內在充滿智慧的自己是靈感和創造力的苗床，會自然帶領我們，於是，整批人類從教育、心理學當中，被剝奪了內在的本我。一旦失去了外在的依賴，很多人開始尋找所謂的上師，想依附在他那邊，讓他教我們怎麼吃穿、怎麼改名、床怎麼放，像溺水的人一樣抓到什麼算什麼。

我們不要再當這樣痛苦的人類了，在賽斯心法裡，愛無所不在，宇宙的愛、智慧、心靈的指引，就在我們身邊、在我們心裡，一切不假外求，而是要找到內在的力量和指引，否則一輩子都得飄來飄去，依附在某一個宗教或老師旁邊。其實所有一切都來自內心。

通常，當一個人真的去細察自己「意識心」的時候，他是透過或以自己已構成的信念去看的。如果明白「我的信念未必就是實相」，可讓我們覺知所有在意識上獲得的資料。賽斯並不是要我們一有空就那麼賣力地細察自己的思想，以致反而擋了自己的路；除非我們覺知我們的意識心內容，否則就只是個行屍走肉了。

信念未必就是實相，我們一輩子都被自己的看法迷惑了、被自己的認知蒙蔽了、被自己的觀點催眠了，從來沒有覺知意識心的內容，也沒有向內省思。

15-4

將精神集中在能帶來理想結果的思想或感覺上

（《個人實相》第五十五頁第八行）賽斯要強調的事實是：我們的意識心先天上本來就具足「接收內我傳出的資料」與「接收外界傳回的資料」的雙重功能。就像手機可以接電話，也可以撥出去，意識心可以收到內我傳來的訊息和外界傳回的資料。

何謂內我傳來的訊息？就是直覺、創造力、第六感。請大家趕快建立一個信念：信任宇宙有一股力量會帶領著我，在我遇到困境苦難時，救苦救難觀世音菩薩、先知、聖靈會透過內心跟我說話，提供靈感和直覺，教我怎麼做。

賽斯不是要我們去壓抑自己的思想或感覺，他所要求的是，我們要知道自己心裡有些什麼感覺或思想。這就是覺察，覺察自己的感覺、覺察自己在想什麼，有一個我在想事情，另一個我知道我在想什麼，還有一個我在問：「我為什麼非得要這樣想？」

最近我在幫一些人的時候，又用了另一個很重要的技巧，叫「承認」。大多數的人都是活在理想中的自己，可是有些人一輩子都沒有真的去面對現實中的自己，這時我會一棒狠狠地敲醒他們：「請承認現實中的你就是能力不足。」「請承認你的臉就是一張顧人怨的晚娘面孔。」「請承認你就是一盤端不上桌子的菜。」「請承認你連現在這份工作都做不好了，還妄想要當老闆！」我要他們回來面對現實。

我有個躁鬱症患者，每次都跟我說他是完美主義者，很多事情追求完美，功課都很棒拿到書卷獎，讓全班的人都很喜歡他，打球就要像麥可．喬丹一樣。後來有一天，他來跟我說他被退學了，我才恍然大悟，我跟他說：「同學，從今天起，不要告訴我你是完美主義者，完美主義者是能做到九十九分，可是卻覺得自己要一百分才對。我告訴你，你只有六十分。」

很多人說自己是完美主義者，卻連現實的過關主義者都做不到，過關的意思是，一份工作做下來不會被開除，自己不會想落跑、逃避，才叫過關。

萬丈高樓平地起，吃夠了苦、過了關，再來說什麼叫完美主義者。許多人在還沒有踏實之前就開始做美夢，像很多年輕人跟爸媽說想做生意賺大錢，可是他們連正常的班都上不了，怎麼賺大錢？

我一直在說，我們是無可救藥的樂觀主義者，但是還得腳踏實地、一步一腳印去落實，有時要承認自己能力不夠、做不來，不要拿一些花言巧語自我欺騙。有時候靈性是蒙蔽現實的鴉片，人要先能適應現實、再來追求靈性、創造理想。所以，賽斯家族是一群能認清現實、同時也能實踐理想的人。

人常常不知道自己幾斤幾兩重，用理想中的自己來自我蒙蔽，但唯有知道自己不行、才會開始變得行，知道自己不懂、才會開始懂了。我不是要把一個人的自信摧毀殆盡，只是要讓他面對現實，透過真正的承認，才會真的放下。就像我曾在門診對一個精神疾患的個案說：「很抱歉，我得老實告訴你，你現在沒有能力賺市面上任何一毛錢，你連速食店工讀生的工作都做不來，不要跟我說你想做技術性的辦公室工作，麻煩你回來重新認識自己，唯有重新認可自己後，才能真的放下身段慢慢來。」

不知道自己現狀的人就無法開始進步，人一定要先回來認清現實，然後發現現實並沒有那麼現實；先知道自己可能真的很無能，然後發現自己其實沒那麼無能。不要好高騖遠，一步一步踏穩再出發。

賽斯要我們去知道心裡有什麼感覺或思想，他要我們瞭解，造成了我們實相的就是這些東西。我說過一個很簡單的方法，先不用看思想感受對或不對，只要看自己是否喜歡周遭的實相，因為外在的物質環境就反映出內心。一個很喜歡自己、內在很棒的人，外在一定會讓他越來越滿意，因為用來創造實相的就是內在的感覺和思想。

賽斯要我們將精神集中在那些能為我們帶來理想結果的思想或感覺上。意思是把火力集中在想要的思想和感覺上，假如失敗了，只要告訴自己：「失敗了有什麼關係？我就接受我不會，承認我失敗了。」假如覺得自己很爛，可以告訴自己：「是，我承認我的確表現得不好，也許我現在吃不了苦，可是不代表我永遠都不能吃苦。」唯有承認失敗才能成功，承認不足才會越來越好。

15-5

細察自己物質實相的所有層面，實質經驗和環境都是信念的具體化

（《個人實相》第五十五頁倒數第四行）如果覺得這些都很難做到，賽斯建議一個人可以細察自己物質實相的所有層面，心裡要明白他的實質經驗和環境，都是信念的具體化。每個人現在所有一切的物質環境，包括經濟、住家、婚姻、健康，都是信念的具體化，然後問自己：「我把什麼信念具體化了？」一個一個找出來。

如果一個人發現自己觸目所及盡是充溢的活力、健康、效率、豐盛，所接觸的處處是笑臉，那麼他大可放心地告訴自己：自己的信念是有益的。因為內在信念是有益的，所以外在的實相沒問題。若在他眼中看起來這個世界很美好，也認為大家都喜歡他，那他一樣可以放心，他的信念也是有益的。可是，若他放眼望去所看到的是病痛、消沉、匱乏，一個充滿痛苦與邪惡的世界，那麼他就該假設他的信念有了差錯，而開始審察它們。藉由果回到因，一定是某個內在的信念出了狀況，要改變內在。

賽斯說以後會討論到群體實相的本質，在這裡只討論個人層面。這一章要說明的重點是，有意識的信念極為重要。同時他要說明：我們並不是任憑遠非我們可覺察的事件或原因處置。不會有某一個前世的因、在這一世無法改變，也不會有童年的因、現在不能改變，所有我們現在需要的幫助，一定都在我們的能力範圍內，現在的能力絕對足夠。

命運的本質是發揮靈魂的戲劇張力，每個人都要成為自己人生的編劇

（《個人實相》第六十二頁第二行）第三章：〈暗示、心電感應以及信念的組合〉。意念（ideas）有一種電磁實相，而信念則是一個人對實相的本質抱持的強烈意念，意念會引發情緒。因為物以類聚的關係，所以相同性質的意念就會聚集在一起，他再選擇性地挑出一些與自己特定「思想體系」相契合的，而予以接納。

賽斯解釋了意念有電磁實相，每個人要檢視自己對未來所抱持的觀點。

我最近在癌友團療裡引用了《健康之道》的一句話：「細胞之所以能健康，是因為它對未來有大量喜悅的期盼。」因為我們有一個癌友本來找不到得到末期肝癌的原因，後來發現是人生太無聊，沒有任何痛苦、也沒有刺激，從進公司後一帆風順，連哪一年退休、領多少退休金，全都算好了。

一般人以為生命就是要平順，但我一直告訴大家，人生是一場戲，戲劇一定要有張力、要有梗才好看。比如說，有個學員一輩子做生意、栽培孩子，大兒子即將成為很好的心理師，二兒子繼承家業，一切都上軌道，哪有什麼梗？現在他的人生終於得到醫學無法治療的癌症，這個梗棒極了，讓整個家的氛圍都不一樣了。

之前賽斯也解釋過，有些人不曉得為什麼自己奮鬥了一輩子、存了一點錢、房子蓋好了、車子也買了，可是一場天災卻讓他們的資產歸零，賽斯說，因為這些人的命運要的是一種張力，在一無所有時，他們會仰天長歎，跟老天說：「祢永遠無法打敗我，縱使祢把我所有的財產摧毀了，我還是不服輸。」接著他們又開始奮鬥。

命運的本質是要內在靈魂的戲劇張力，平順絕對不會為一齣戲帶來收視率。我常常講，請大家為自己的人生創造梗，不要讓命運幫忙創造梗，例如，有個學員的老公入不敷出，每天閒晃不顧家，沒有責任感，這個梗就是要讓她這一輩子必須靠自己，沒有了這個梗，還鍛煉不出她的意志力！

其實我們都在跟命運玩遊戲，用戲劇的角度來看人生，就會有完全不一樣的感受，戲劇一定要有張力，峰迴路轉。如果我們是自己人生的編劇，會編出哪種劇呢？如果每天八點檔的內容從頭到尾都是一家和樂，沒有爭奪財產、彼此陷害、也沒有壞女人或被騙的爸爸，什麼梗都沒有，觀眾就轉台了。但是，人生一定是有驚無險，大家要開始為自己的明天、明年，創造出一些戲劇性的效果。

例如，有個學員很會為自己創造，本來開了一間小小的會計師事務所，被併購後無聊開始寫書，後來去台大念ＥＭＢＡ，未來還要挑戰心理師，開創自己人生的第二春，他把他的挑戰花在寫書、擴展身心靈、結合賽斯心法與財務，那就是他的舞台。人生不是只有所謂的成功和安定，每個人都在為自己的人生架設舞台，為自己創造梗。

自我設法維持住清晰的焦點與穩定，以便能精確地將意識心導向想要注意的方向，以及集中心神在那些表面上看來具有永久效果的各種實際顯現上。賽斯說過，自我雖是「全我」的一部分，它同時也可以被視為一種心理的「結構」，一種由一個人整體個性中抽取某些特性，再加以組合而形成的一種「表面身分」。

我們一輩子所以為的自己只不過是表面身分，我以前說過，personality（人格）這個詞是從希臘文的面具（persona）衍生出來的，意思是，人從來不曾認識真正的自己，我們一輩子所以為的自己可能都只是一個面具。比如說，一個父親在兒子面前是真正的他嗎？不是，是一個爸爸的面具，他表現出自認為一個爸爸該是的樣子，可是那個樣子真的是孩子想接受的樣子嗎？不一定。

人格為了因應環境、與別人互動，必須保持彈性、隨時改變。一旦認知到我們一輩子認為的自己並不是我們的全部，而全都只是我們的表面身分，就能真的去改變自己。

15-6

啟動自己內在的能量，不斷學習成長，就能影響家人朋友的心靈經驗

我在門診常聽到：「我是為了我的家人來掛門診，因為他不來。」我會說：「你的家人不來，你也可以來啊！」接著他們會說：「他不來，我來有什麼用？」我就說：「如果你的家人沒辦法來，你自己要來。你學習、成長、改變了，就會帶動他。」

我最近發現，在我們這裡上課的人，慢慢開發了集體潛意識，內在的能量慢慢釋放，大家真的會把這個能量球帶回家。我之前聽說光的課程，他們宣稱自己是光的使者，我相信這邊所有的學員都是能量球的使者，這一群實習神明開始學習身心靈的觀念，打開自己內在能量的管道，啟動意識的力量，這股力量會影響到家人和朋友，也會影響人類的未來與文明，整個世界會因此而改變。

最近冰島的火山爆發，火山灰已經飄到北京和韓國，我在北京的那一天下小雨，明明只有五百公尺的路，他們堅持要坐計程車，因為怕淋到百年來最酸的雨，頭髮會掉光。我的意思是，一個火山爆發會影響到全球的航空、氣候，而我們身心靈的學習，也會造成自己潛意識能量的爆發，隨著這樣的爆發，我們的能量會慢慢打開，進而影響到家人朋友的心靈經驗。

我一直在預期我們的能量會逐漸開啟，而且我們這邊開啟的方式是全世界最特別的方式，因為每個學員都在扎扎實實地學習，不投機取巧，沒有怪力亂神，也不必繳一筆錢，而是回來面對自己，啟動自己內在的能量，不斷學習和成長。

15-7

疾病是原本潛伏在內的偏差性格浮現出來，藥物治療只能治標不治本

我最近在幫一本書寫推薦序，這位作者的前一本書叫《躁鬱之心》。她本身是位精神科醫師，自己後來也罹患了躁鬱症，書中描述自己是醫生同時又是病患的過程，內容只談論症狀、發病的情況、以及用藥的過程，完全沒有提到內心世界，基本上就是告訴大家躁鬱症要吃藥，所以我對那本書的評價並不是很高。

後來之所以會幫她的新書寫序，是因為裡面有些話打動了我。這本新書在講她的婚姻和先生，她的先生也是位精神科醫生，得到淋巴癌往生。書中比較誠實的地方是她提到，像躁鬱症等很多精神疾病或癌症，剛開始都被視為一種病，因為症狀很明顯。精神病的症狀是注意力不集中、自言自語、幻聽、妄想；躁鬱症的症狀是躁症來時不睡覺、話很多、愛花錢，憂鬱症來時變成一灘死水、沒有動力、情緒沮喪；癌症剛開始的症狀是體重減輕，各式各樣的癌症會有不同的症狀。

為了對付這些症狀，大家的第一個想法就是吃藥。可是很奇妙地，不管是癌症、躁鬱症或是精神疾病，隨著時間一天天過去，三、五年後，症狀會越來越不明顯，越來越明顯的是個性。

像憂鬱症剛開始的症狀是不想說話、想自殺，幾年下去，會發現這根本就是一種悲觀的人生觀導致的現象；很多癌症病人也是如此，一直在治療症狀，可是最後浮現出來的一定是婚姻問題、價值觀問題、面對壓力不知如何是好的性格問題；躁鬱症剛開始讓人以為是疾病，其實是內在有兩個極度相反的個性，一方面過度樂觀自大、積極主動、花錢當大爺，另一方面又過度悲觀自卑、消極被動、吝嗇節儉。

我們早年都在處理症狀，拼命用藥，像躁鬱症一吃藥症狀就緩和下來。然而，醫了幾年之後，在臨床上觀察到，一個疾病根本就是當年潛伏在內在的偏差性格，只是早年那個性格沉在下面，我們只看到表面的症狀，再過個幾年，那個性格就浮現出來了。像憂鬱症病人其實是因為自卑走不出去，他會說：「我不敢走出去，怕人家瞧不起我，人家都在注意我。」因為他同時渴望被注意、被稱讚，同時又覺得自己不如別人。但是，問題的根本是他瞧不起自己；一個看得起自己的人，根本不會覺得別人瞧不起他。一旦心的能量堅定了，外界任何飛彈都打不進來。

癌症也是，大家早年好像都在醫癌症，但是處理症狀、癌細胞都沒有用。沒有癌症，只有罹癌性格；不是治療癌症，而是改變性格、信念，處理自我的無價值感，展現生命的力量，整個生命都要徹底轉換。這是我自己很深的體會，像我們賽斯心法的學習和治療，一開始就從核心切入。

其實我在序裡從頭到尾都沒有推薦那本書，只寫下我想寫的，且最後還不忘重申：藥物治療只能治標不能治本。

第16講

16-1

自我能在意識心裡植入新意念，改變過時的觀念

（《個人實相》第六十二頁第七行）第三章講暗示、心電感應與信念的組合。賽斯進一步解釋自我與意識心的關係，簡單而言，自我能將意識心導向想要注意的方向，意識心可以比喻為照相機，自我則是照相機的鏡頭。

我個人的說法是自我是意識心的操作平台，可以把意識心裡面過時的觀念、陳舊的習性調出來改變，自我也能夠植入新意念。學習賽斯心法，就是自我與意識心重新做一種新的組合，自我會把新學到的思想意念，與意識心原來的思想意念比對，然後慢慢改變，就像神秀講的「時時勤拂拭」，常常去擦，把原來的信念改掉而植入新的信念。

因此，讀《個人實相的本質》不僅是一種明心見性的過程，也是將一些符合內我基本狀況的信念植入意識心，因為當意識心有了新意念後，會產生新經驗，開啟新的人生。

比如說，有位學員一直覺得自己是醜小鴨，為家人付出最多，卻最不受重視、最不被愛，這是她的意識心從小到大養成的觀念。若想改變經驗，則可經由學習，將意識心重組，進而改變與家人之間互動所產生的信念。首先，她必須感覺到自己很可愛、有價值、值得被愛，這樣的覺受加上信念會帶來兩種結果：本來不愛她的人會變得愛她、或是離開她讓出空間給想愛她的人，總之她會得到愛。

所謂的意念是指我們對某些人、事、物的看法，像是我們對自己、對世界抱持的觀念。思想的特質與病毒很像，會物以類聚，也會繁衍。病毒是游離的DNA，在生物體外是結晶體，沒有生命現象，可是當思想與一個人碰觸後，會賦予思想生命，比如說接觸某些思想派別時，那些思想因為與心靈產生作用而被賦予了活力，於是開始了繁衍和創造實相的功能。

思想不但能創造實相，還能將自己具體化，也就是說，如果一個人選擇相信某些悲慘的人生觀，那個人生觀會開始替他服務，加工成他的人生，隨後會體驗到憂鬱、沮喪的情緒和實相。思想像花朵，開出每個人生命中的事件。

自我不斷成長改變，以適應從全我而來的新特性，放下用不著的舊特性

在一個人一生的過程中，這種全我和自我的組合可以容許他內在的多種傾向與能力容易顯現出來。自我隨時在生滅，有時候一個人失敗了，自我崩潰後，裡面其他人格才有出頭天的機會，變得更堅強。像有時候對某些女人而言，離婚有其必要，因為離婚後她才發現原來自己那麼能幹，還有那麼多潛能尚未發揮出來。

通常很多女人當了媽媽後才會跟別人吵架、殺價，為母則強，為了保護後代，從一個怯弱的小女人變成母老虎。在大自然界裡，最凶的都是正在撫育下一代的生物，像照顧小老虎的母老虎最凶。有些男人會不小心招惹到剛生完小孩的女人。

我也要提醒大家，不要因為有了小孩就忽略對先生的愛，否則後來先生跟孩子的感情會不好，因為他認為孩子把太太的愛和關心都搶走了，這讓男人心理上很不平衡，被迫退化成家中最大的小孩，無理取鬧，以便再次得到太太的愛。可是如果太太不瞭解，會覺得他在妨礙養兒育女的神聖任務，會很生氣，其實先生是在討愛。

若不是有這種組合存在，一個人的種種潛能就無出頭之日，如果情形不是這樣，這個人終其一生興趣都不會改變。意思是江山易改，本性也每天都在改變，藉由自我每次的生滅，把全我內在的特質帶到檯面上來，比如說，養魚失敗的人改種柚子，柚子種失敗了改做考古。每個人內在都有很大的潛能，可是後來我們害怕改變，以為自己只能做一種職業。

其實內在的全我把我們的潛能都照顧得很好，縱使現在尚未開發出潛能，可是潛在的種子現在就在裡面，跟著我們同時學習，等到有一天翅膀硬了，就會飛入另一個可能的實相。那天來臨時，我們可能會面臨痛苦的掙扎，比如說，某一個自己選擇獻身在賽斯學院的建立和弘法，另一個自己選擇體驗情感的實相，透過養育下一代來貢獻才能，這就是人生的抉擇點，每個內在的種子人格都一直跟著我們成長。

這個看起來好像永遠不會有所改變的自我，實際上卻片刻不停地在變，自我不斷適應從「全我」（包括了轉世的自己和可能的自己）而來的新特性，也不斷放下其他不再用得到的特性，否則它根本不會再成長。大家在學習賽斯心法時，會發現有很多觀念跟以前不一樣，表示新的人格已經開始形成。

最近有一個學生讓我非常心碎，他在身上摸到一顆腫瘤，醫生說百分之九十五是良性的，他第一個反應竟然是開刀把它拿掉。我跟他說：「醫生講話通常很保守，以免講錯話被告，既然醫生都說百分之九十五的話，就已經接近百分之百了，你學了兩年賽斯心法，為什麼不開始用意識心對身體意識下命令？去發揮信念的力量，以情緒釋放的方式改變生活壓力，讓這顆腫瘤消下去，那你以後還怕腫瘤嗎？今天如果你開刀把它拿掉了，萬一以後是惡性的怎麼辦？不趁現在好好培養自己的功力，要等到什麼時候？」

疾病、不好的命運、悲哀的人生、不良的人際關係，都是最好的練習題，讓我們藉此檢視是否將賽斯心法付諸實行，不要輕易放過任何練習的機會。以後若是身體有什麼微恙，只要不危害到生命，請大家學以致用。

我們的自我經常在改變。老實說，發生在我們生命裡的所有痛苦，不管看起來多麼令人難接受，自我早就事先做好防備，賦予我們應付的能力。意思是當敵人出現在面前，武器早就送到手上。我向各位保證，只要抱持簡單而深厚的信心，不管婚姻、親子關係多麼棘手，生活上所面對的挑戰，絕對都在每個人的能力範圍內。可是有時候我會告訴大家，不要太急著把問題解決掉，因為解決掉之後，後面還有更大的挑戰。藉由解決人生大大小小的挑戰，能力會逐漸提升，這就是我們在玩的一場人生創造力遊戲。

自我是內我中最以物質導向的部分，但從未脫離內我，絕不孤單疏離

自我與「我」的其他部分有著如此緊密的關連，基本上自我不會有孤獨或疏離的感覺。賽斯說，如果自我能了悟到跟內我從來沒有分離過，理論上自我不會有孤獨和疏離的感覺。

可是在我們小時候，受傷、哭泣、孤獨、難過時，多半太早得到安慰。就像孩子跌倒了開始大哭，心急如焚的媽媽馬上衝過去把他抱起來，從來沒有把他留給他自己，也沒有讓他的內我、宇宙的力量有機會來恩寵他、呵護他，所以他從來沒有學會如何和自己的情緒在一起，走完內在的過程。

等到孩子長大後，與父母起衝突，會覺得無路可走，或是發現父母並不是無條件接納他，就徹底崩潰了，因為他不知道還有誰可以無條件接納他，也不知道誰真的愛他，自我開始感到孤單寂寞；追根究柢，就是因為從小到大被剝奪了他和宇宙間一對一神祕的關係。因此，在宗教儀式裡，受洗真正

的涵義是在告訴那個孩子：「孩子，其實父母只是在人間照顧你的那雙手，真正讓你能呼吸、呵護你生命的不是父母，是一切萬有、是神聖的內我、是源頭的自己。」

從小過早得到安慰，會導致人在悲傷時找不到安慰的力量，或是憤怒時太快被阻止，就沒機會讓憤怒的情緒走完，於是沒有與內在、本性、神性、佛性建立親密關係。甚至連生病時也是一樣，還來不及呼喚內在宇宙的力量、呼喚每個細胞的自我療癒力，就已經被外在的醫療所取代，自我療癒力只好開始萎縮無能。

我們的教育讓自我從小就開始覺得孤單，未曾透過宇宙、內在來撫平孤單寂寞的情緒，獨處對很多人而言非常困難，所以有時候會讓自己沉浸在孤單寂寞中，以得到來自周遭人的愛和關心。其實真正的心靈撫慰不是來自父母，是來自環抱著我們的空氣，是來自內在隱隱約約給我們生命力量的本質。

至於很多人之所以沒有自信心，或過度在乎別人的看法，也是因為他們所有的愛和安慰都是來自於外在。我希望賽斯心法能幫大家感覺到內在的確有一股力量，不斷地在看著我們、呵護我們。

自我一直在驕傲地扮演意識心焦點的引導者，從這個角度來說，自我是意識心的附屬品。本來自我非常有彈性，不停地向外看，以當時組成自己的各種特性為基準，來檢視它在物質實相中之所見，它也能根據對自己抱持的各種意念而下判斷。自我同時判斷外在環境，同時決定自己要用什麼面具去回應，例如，什麼話該說、什麼話不該說？今年要送禮給這個人還是不送？自我不斷地以自己的思維方式起落。

自我是我們的內我中最以物質導向的一部分，但是，它並未脫離內我。即使自我誤以為自己脫離內我，但事實上它永遠不可能脫離內我。所有的開悟經驗都是發現自己的自我並不孤單。

自我決定要不要接受信念。比如說，大家在學賽斯心法時，自我會一直在判斷，到底是要接受賽斯說的關於內在的觀念？還是接受自己原來相信的觀念，不理會內在？

自我可以對意識心傳來的訊息置之不理，可是不能切斷。這裡我們要提到，每個人內在都有一個知曉者，意思是我們對事情其實在當下就心知肚明，可是我們多半會假設自己不知道，或是以為我們知道的有錯。這是個很重要的信念，光是這個信念就會擴展我們已知的範圍。所以我常常講，要大膽假設小心求證，先假設自己已經知道了，然後再小心去求證。

16-2

種子人格對人生發展很重要，某個自己會在某個瞬間出來改變生命方向

如果想瞭解多重人格的話，我介紹兩本書，第一本是《第五位莎莉》，內容在說莎莉有五個人格，第五個人格是內在協助者（inner helper），經由內在協助者把其他四個人格整合在一起。第二本書是《二十四個比利》，書中的比利有二十四個人格。

一般而言，分裂性人格與多重人格不太一樣。分裂性人格是當事人有一個主人格，可是產生一個次人格，那個次人格的結構可能並不完整，但是當事人會感受到次人格以思想插入、思想中斷或思想控制的方式在作用，會覺得被人監視，或聽到次人格叫他做很多事，這就是幻聽。

多重人格則不會出現幻聽現象，裡面的人格會轉換，由整個人格換成另一個人格，像旋轉盤一樣，每個人格可能打了就跑，例如A人格做了一件蠢

事後就跑掉，換B人格來承擔後果。有些多重人格的人在小時候被性侵，感受到很大的威脅，無法面對那樣的衝突，那時人格會解離變成另一個人格出現來救他。其實多重人格的形成跟內在相關，有些多重人格會顯現出非凡的能力，因為人格是由信念所組成的。

我們在看《未知的實相》時，大家會很清楚每個人格誕生到世界上來，本身就暗含著很多種子人格。以水芙蓉為例，水芙蓉像是主要的人格，可是旁邊會生出小的水芙蓉，攀附在主要人格旁邊，等到小水芙蓉成熟後會脫離斷開，另外成立自己的生命，這就是時空的分裂，也就是可能實相與可能人格之間的關係。

比如說，約瑟有一個種子人格叫做運動員的自己，可是那個運動員的自己一直附在藝術的自己旁邊，沒有獨立。像魯柏有一個修女的自己、一個作家的自己、一個開悟後通靈的自己，通靈的魯柏是從寫作的自己長出來的，所以在魯柏開悟的那一瞬間寫下「物質實相是以意念為架構建構而成」時，長出另外的自己了。

我們內在都有很多潛藏的自己，也就是所謂的種子人格。種子人格附著在現在主人格旁邊，長到一定程度時，可能會在一個時空分裂點走出來變成可能實相，但也可能一輩子都沒有機會變成主要人格。基本上，每個人格之間是用波動方程式的能量在處理，這些可能性人格的能量在某些人格死亡後會再彈回來。種子人格對於每個人的人生發展非常重要，可能會在某個瞬間某一個自己突然出來，於是生命完全改變了方向。

例如有些人因為得到癌症，內在某些種子人格被栽培出來，潛能開發了，讓那個人格走向不一樣的道路。又例如，某甲本來在四十歲那天要因車禍死亡，但因為他加入了賽斯家族，想成為賽斯法王，於是生命產生了一個可以奮鬥的新目標，那時候的時空發生分裂，有一個他真的在四十歲那天死於車禍，同時有一個他做了另一個決定。

這比較像是佛教講的發願，很多人經過發願而活下來，因為他們創造了新的可能性。但是這個發願跟功德無關，是跟自己的價值完成有關，讓人突然在某個瞬間轉變命運，開始走向另一條可能的人生道路。可能實相裡涉及每個人內在命運的奧秘，每個人內在許多的種子人格時時刻刻都在蠢蠢欲動。

16-3

情緒本身無分正負，負面的情緒受阻會導致身心問題

有學員問：「我覺得華人的音樂曲風偏向哀怨、憂鬱，這樣的音樂對人的心理發展是正面還是負面影響？」

我覺得滿正面的，至少藉由那樣的歌曲，讓內在的悲哀和壓抑的情緒得以抒發。可是如果一個人後來生病，並不是因為他一直唱那類的歌，而是要瞭解他的內在為什麼會有那麼多需要宣洩的負面情緒。

我再強調一次，嚴格來講，情緒本身無分正負，所有人都要試著去信任自己的情緒，不是只允許正面的情緒流動，縱使是負面的情緒感覺也必須讓它流動，才會引領我們進入生命更深的層次，一旦負面的情緒受阻就會導致身心問題。

以恨為例，恨是非常強大的能量，我最近想寫一篇跟兒童教育有關的文章，如果孩子被教導不能有負面情緒，而且不能表達出來，則會逐漸變成暴力兒童。我在門診遇到一個小學五年級的個案，一天到晚想殺爸媽，因為從小爸媽就不許他表達情緒，可是情緒是一個人感覺自己生命有力量的關鍵，一個沒有資格去恨的孩子根本毫無力量。

能恨就能得到溝通和表達愛的力量。我們一直強調，恨是為了回到愛，如果孩子有負面情緒但不能表達，會感到懦弱無力。而一個覺得自己無力的人格會萎縮死亡，所以人格會不計代價，想要擁有力量。

恨不會導致暴力，不能表達恨的時候才會帶來暴力，因為暴力是來自無力感的結果。像許多連續殺人犯、恐怖的謀殺犯、戰爭英雄都是來自教養良好的家庭，在那些家庭裡不能罵髒話、不能生氣、不能表達負面情緒，孩子忍耐壓抑到最後變成可怕的暴力，而暴力就是毀滅。

賽斯說，當孩子對爸爸說「我恨你」，其實他的意思是：「爸爸，我這麼愛你，你為什麼不在我身邊？為什麼要這樣對待我？」如果爸爸被孩子的恨嚇到了，孩子也會被自己的恨嚇到，他會以為恨是不好的能量，於是把它壓下去，從此這個孩子無法表達負面情緒，整個身心靈受阻，連愛也流動不起來，因為一個不能恨的人也不能有愛，恨的能量就是愛的能量。

學了賽斯心法後，大家要很清楚，所有內在的能量、內在的情緒都是好的，都可以接納。一旦表達出負面情緒就不會生病、不會發瘋、不會變成壞人，而且不會引發暴力，即使有衝突，也僅限於口語，不會有肢體衝突，而且那個衝突是為了更大的和諧，能消彌更大的暴力。

我見過太多婚姻暴力的例子，受暴婦女常說：「如果你見過我先生，絕對無法相信他會打人。」那些有暴力傾向的男人不打老婆時都非常彬彬有禮，會幫忙開車門、拉椅子，但因為平常壓抑了太多真實的感受，酒一喝下去或受到刺激，所有憤怒的情緒變成無力感，無力感變成了暴力。就像黑社會老大一樣，平時讓人覺得很有禮貌、很客氣，可是一抓狂起來殺人不眨眼，因為他把感覺都壓抑下去了。

美國很多的犯罪資料統計，連續殺人犯大多來自教養良好的家庭，沒人管的野孩子反而不會出問題。很多時候，父母越想把孩子教養得很好，孩子就越快出問題。真正教育孩子是退後一步，提供陽光、空氣、水，讓他自己長，有時候最好的教育就是不教育，因為這是帶著一份信任，信任宇宙、信任孩子的天性，信任孩子的內在會引導他，教育最高的藝術是信任。

不要放過腦海中閃過的任何念頭，每個念頭都有道理

有個學員問我：「為什麼在看待事情時，不把它當成只是巧合？」我回答：「因為新時代有個信念，這個世界沒有巧合，所有表面發生的事，內在都有更深的理由。」

詮釋通常是客觀中立的，不同的詮釋會把我們帶向不一樣的生命發展道路，這就是自我的功能。比如說，如果我對某件事的詮釋只是一個沒有意義的巧合，那麼我就會放過它。可是如果我朝另一個角度思考：「我內在或許有另一個自己，知道的比我還多，而且能對很多事情通透瞭解；在我遇到痛苦、難題時，也許我擁有的能力遠比我以為的更多；會不會心電感應真的存在？」如果我的自我做了這個詮釋，那麼我會開始去開發內在心電感應的能力，如此一來，我的自我越來越會在很多實相當中看出端倪。

舉例來說，兩年前我在長途巴士上認識一個女人，結果前幾天有個學員拿張剪報給我看，上面寫某某劇場名人跳水自殺，正好就是那個女人的先

生。我回想起上次我去高雄時，幾乎有個衝動想打電話給她，我當時懷疑那是另一種衝動而沒有打，但是後來還是順從內心的衝動，剛才打給她。她說她覺得很迷惑，為什麼先生要自殺？問了我一些關於人內在心理上的問題，想從我的角度多瞭解她先生的內心世界。

我相信這件事在發生之前，我的內在早就收到通知了，這個通知是以一種讓我想打電話給她的衝動呈現。因此，我們很多的衝動都是隱含在內在的心電感應網上面，真正的修行人不應該放過自己腦海中閃過的任何一個念頭，每個念頭都有道理。有時候這樣的衝動，也許暗含著某個人正在向我求救，也許要幫助我去建立一段新的人際關係、或一份新的工作。

我們內在知道的遠比我們以為的更多，但是必須小心留意內心那些莫名其妙的想法，有時候靜下來，會發現這個想法不是我的，我剛剛不是在想這件事情，怎麼我的思路轉彎了？靜者恆靜，動者恆動，在慣性定律下，東西只會向前，不會突然轉彎，唯有外力加諸其上才會讓它轉彎。

因此，我們每個思想轉彎的地方，都有內在或外在的力量加諸其上，要是沒有順勢而為，就會開始辛苦了，而且如果內在轉彎的能力不夠，外在就會發生很多痛苦來讓我們轉彎。在觀照內心時，常常要注意思想轉彎的地方，因為那些正是信念的衝突點、心電感應的訊息、或是轉世的自己在跟我們接觸，更要留意看似不合邏輯、莫名其妙的念頭。有時候，我們得去做一些自己本來不會做的決定，偶爾抓狂一下、無厘頭一下，跳脫出原來的自己，才能變得更是自己。如果永遠堅持既定的觀念和做法，困守在熟悉的自己，就無法進入不同的自己。

像我們基金會有個工作人員以前的薪水一個月四、五萬元，現在跑來做六千元的工作，她做這個決定家人都不支持，這就是一種不合邏輯的做法，不合邏輯的做法才會帶來不合邏輯的人生，像她這樣轉彎，就表示有辦法再轉回去，我的意思是說，接下來六萬的薪水會到她身上。有時候我們過於講究邏輯，神奇之道反而不會降臨，因為神奇之道依循的不是邏輯，而生命本身其實也不按照邏輯，越想去設定什麼是可能、什麼是不可能的人，都是在自我設限。

16-4

下決心去檢查意識心的內容，會找到長久以來忽略的寶藏

（《個人實相》第六十三頁倒數第七行）自我可以對內在的訊息置之不理，置之不理並不表示這些訊息就無法為我們獲知，只不過被束諸高閣而已，既沒有被消化吸收，也沒有被納入我們今天專注於其上的信念體系中。但是，如果有心去找，它就在那兒。

該怎麼找？正如我前面講的，就在那些突發奇想、思想轉彎的地方，因為每件事的背後都有一個信念，行為轉向代表信念改變了。我常常講，只要不是殺人放火，想做就去做吧！以《天龍八部》裡段譽解珍瓏棋局為例，他先把自己填死，置之死地而後生，終於解開了棋局。有時候人越想成功，卻適得其反，唯有欣然接受自己的失敗，生命才得以重建。

一般癌友會認為是癌症讓他死，自己很想活，卻無能為力。但是在癌症的治療上，一定要讓當事人體認到：「不是癌症要殺死我，是我根本就想死。」他要與自己的癌症同步(syncronize)，瞭解到是自己覺得人生苦多於樂，每活一秒鐘，就得承擔責任、痛苦，才會長出癌症。如此一來，就能重新拿回對生死的掌控權。

先拿回想死的自主權，才能拿回不想死的自主權；釐清是誰不想活下去，才有機會活得下去，否則只是不斷抗癌、加強求生意志，癌症仍會復發。治療癌症一定要涉及同步化，找出想死的究竟是誰？所以治療癌症的過程，其實也是自我探討、自我開悟的過程，的確需要很大的勇氣，而有些人不敢面對內心，於是讓內在的那部分壓抑得更深。

如果有心去找，它就在那兒。需要做的，只是下決心去檢查意識心的內容，明白那兒的確有我們忽略的寶藏。這就是所謂的內觀，覺察自己的每個念頭、情感，而不加以批判。另外一個辦法，是所謂的鏡子效應，透過檢查外在遭遇到的實質效果，來找到內在的狀態，因為所有外在的宇宙都來自於內在的宇宙。

再進一步講癌症，癌症是個外在現象，這個外在現象發源於心靈當中，因為內心有個絕望在滋長，所以外在有個腫瘤在長大，找不到內在滋長的絕望，根本沒有機會治療癌症。若要治癒任何疾病，要從心靈去找，這真的是現在全世界人類的福音。

物質來自能量的顯現，肉體來自意識心的變化。絕對沒有一個外在的腫瘤莫名其妙滋長，外在顯現的就是要迫使大家去找內在的根源，一旦找到了，腫瘤立即停止生長，開始消退。請大家一定要增加對意識心的探討和覺察，下定決心內觀，探討自己內在的思想、信念以及情緒的變化，因為所有顯現在外的必定有其內在的根源。

隨時隨地覺察念頭的變化，就能從中得到線索，瞭解自己的信念

要知道，那些引起我們困難的似乎看不見的意念，其實具有十分明顯可見的實質效果，而這些又將自動地把我們帶到最初信念或意念藏身之處的意識領域裡。如果我們對自己在想什麼變得很能覺察的話，隨時隨地覺察自己念頭的變化，那麼這些思想本身就會給我們線索，因為這些思想會清楚地說出我們的信念。這就是內在對話，我們經常在連續的內在對話裡面。

例如，一個人老是錢不夠用，而他檢查自己的思想，也許會發現自己經常這樣想：「我永遠付不起這筆帳，我從來與好運無緣，我永遠是個窮鬼。」或是：「我就是長得不夠漂亮，才沒人愛我；我就是學歷不夠好，才找不到好工作。」這些都是不斷地自我暗示與催眠。各位一定要開始留意內心的對話，看看自己的內心到底常常在想什麼？

很多人發現自己有這種想法的時候，可能憤憤不平地說：「可是這些全是真的呀！而且不只是我這樣想，很多人都這樣啊！」不必管別人怎麼想，每個人都要走自己的道路，跟別人走一樣的道路，無法解決自己的問題。

大家開始接受這些觀念時，心裡還會有衝突、疑惑，這些疑惑不可能完全消除，但卻能引領我們的生命前進，只要開始去實現、去運用自己的能力，就會產生效果。賽斯一再保證，每個人都具有內觀的能力，可是很多人都逃避這件事情，內觀真的是一種高級享受，光是去觀察自己在想什麼就很有趣。

16-5

在意識上與心電感應上，人與人之間充滿了各種念頭的交換

（《個人實相》第六十五頁倒數第五行）這裡賽斯提到另一個很重要的概念，心電感應式的訊息，來自「自己」更深的部分，這些部分的接受能力強得令人驚奇。心電感應的訊息經常在作用，只是我們一直忽略它的存在，我們是心電感應的發訊者，也是個收訊人。任何一個人情緒的變化，很快會被周遭的人接收到。

在語言層面底下，我們內在世界訊息的交換，速度快得令人追不上，所有的一切都在潛意識當中進行。這些心電感應的訊息會變成一個地方的磁場，就像有些人進入我們這裡的磁場，心電感應的訊息馬上會讓他覺得非常舒服感動，學到的內容似乎都打中內心深處。

人與人之間有著無休止的相互作用，其中充滿了各種念頭的交換，包括了意識上與心電感應上的。我們內在很多的訊息都不是用講的，而是用感受傳達出去。我講過，每個人所知道的遠比自己以為的更多，很多時候單憑直覺，根本不用聽對方在講些什麼。可是，我們已經被教導不去信任直覺。

比如說，我最近看到一個學員，就覺得她變得比較有力量，更能對親人表達內在的憤怒。其實憤怒本身並沒有錯，憤怒帶著很強的能量，但都是為了達到和平與情感交流。很多人不知道如何使用憤怒的能量與人有效溝通，以為憤怒的能量起來了，就會彼此傷害，令人懊悔不已，那通常是因為我們太急著放棄溝通、害怕衝突，不信任衝突背後的愛，也不信任自己，於是每次的衝突都只衝突到一半，導致傷害，假設把那個衝突走完，最後愛和感動會出來。

舉例來說，我們醫院最近聘了合約醫師來醫院看門診，不知道為什麼，前陣子沒有完成整個職業登記程序，結果在向健保局申請給付時，健保局說：「這個合約醫師不是在你們醫院執業，不能申請給付。」我打電話給院長，他說：「你們醫療科自己要負百分之八十的責任啊！」我說：「院長，我們是醫療科耶！那人事室呢？雖然我是代理主任，但我是負責看病的醫生，這種事情我怎麼會懂？醫院要有人統籌辦理啊！」我向他表達我的立場，讓他知道我不太高興。

我試著讓自己能對權威者發脾氣，有時候發脾氣代表讓對方知道我的位置在哪裡，雙方都清楚彼此的位置，才能繼續溝通。如果沒有清楚表達自己的意見和脾氣，對方不知道我在哪裡，那種溝通很模糊，會造成傷害，其背後的原因正是對愛和信任的安全感不足。應該勇敢表達出自己的思想，讓對方清楚瞭解自己的意見。

越能表達出意見和情感的人，越容易與別人溝通

很多人擔心一旦表達出感受，就會曝露出自己的位置而飽受抨擊，因為他們深信攻擊，而非互助合作。誰說表達立場一定會被攻擊，而不是得到愛和協助呢？越讓自己不明確的人，也越得不到幫助。那些把人格藏得最徹底的就是精神分裂患者，他們的想法是：「因為你找不到我，我就不用為我的失敗、所作所為負責。」所以，精神分裂患者是最怕失敗、最不想承擔後果的一群人。可是，我們所有的人多多少少都有這種傾向，縱使本來心直口快

的人，被磨怕了、衝突怕了，也學會不說出自己真正的意見。

我不是要大家馬上表達意見，而是要去拿捏，要知道有時候應該信仰合作，而不是信仰攻擊；越表達出意見、情感，越容易與對方溝通。雙方在互相攻擊時，連自己當下的情緒都不會承認，因為害怕承認了就會被自己或別人批判。

我希望在賽斯家族裡沒有真正的批判，例如，個案跟我說：「我好想殺掉我的父母！」我說：「你說得太好了，很多小孩子都想殺掉自己的父母。」我不會批判他怎麼可以這樣想，因為我知道這是他一時的想法，他的內心對父母其實有著更大的愛。

為什麼不能夠面對一時的想法？很多人會害怕這種大逆不道的想法，但是，越害怕什麼，表示越賦予它力量、越相信它。所以，當孩子在我面前說想殺掉父母，我回答說，「我能體會你的感受」，一句話就幫助他自我整合和自我面對。然後，再繼續探討他的內在為什麼會有這些想法，我不會說不能這樣想，因為越叫他不能那樣想，他就越會那樣想。

我曾經做過一個實驗，上課時叫大家眼睛閉起來，腦海中不要想一顆紅蘋果，結果每個人都想了。很多時候，我們恐懼是因為我們已經失去了信任，完全被它說服了。腫瘤也是如此，當事人越承認內在想死的欲望，只會幫助自己更有力量；越不敢承認表示越害怕，內在的信心不足，擔心一旦承認，結果成真怎麼辦？可是，不敢承認只代表內心更恐懼，能真正面對就沒有那麼可怕了。自我欺騙不會有力量，唯有自我整合、自我面對才會產生力量。

第17講

17-1

人和寵物之間也有心電感應訊息的交換

（《個人實相》第六十六頁第五行）所有心電感應訊息的交換，都是根據我們有意識的信念。很多的催眠會說：「不論你相信或不相信，你都會接受來自別人的催眠指令。」我告訴各位這種說法是錯的，我們只會接受自己相信的人所給的催眠指令，只會接受我們想相信的內容。像有人跟我說：「都是醫生害我的，都是他告訴我的。」我會說：「那你為什麼要相信他呢？」真正關鍵一定是自己。

意識心本來就是自發的，它喜歡耍玩自己的內涵，賽斯並不建議我們做一種嚴厲的精神訓練，時時刻刻檢查我們自己，而是告訴我們，在不滿意的經驗領域，可以採用的對治方法。

接下來這段很有意思，講到魯柏和約瑟養的貓，賽斯說人和寵物之間也有心電感應訊息的交換，家裡的寵物常常會拾起主人心電感應的訊息。例如，以前美國有個人養了一隻狗把鄰居咬死了，後來主人被控謀殺罪，他很不服氣，認為咬死鄰居的是狗，又不是他。但是法官認為他平常就非常瞧不起鄰居，而且那隻狗的品種本來就可能致人於死，就像獒犬一樣，所以斷定他養這種狗背後的心態具有殺死人的意圖，所以判他謀殺罪。說實話那隻狗很無辜，主人並沒有唆使狗去殺人，狗只是從心電感應層面上，拾起了主人對鄰居的不屑，按照主人內在的信念執行主人的觀感而已。

清晨五點半是一個人的精氣神最充足的時候，我們講分段睡眠，如果可能的話，最好在清晨五點到六點讓自己的意識清醒，那時候人的頭腦最清楚，夢的實相和醒時實相的交會最完美，最能把夢的訊息帶出來，會靈光乍現，解決生活上的困難，所以，以前的修行人常常在那段時間做早課。

信念系統不只會創造實相，也決定了一個人收到的心電感應訊息種類

（《個人實相》第七十二頁第四行）自我常常忽略由心靈深處傳到意識心的任何「千里眼」或「預知」的資料，自我常常把這些資料刪掉了，可是

有一天如果自我認知這種資料很有用的時候，那麼它就會變得較為開放而予以承認。如果自我發現，內在很多心電感應的訊息、預知性的資料對整個存在極有幫助，就會加以開放，此時自我開始可以從內在來學習。

自我的觀念就是一個人的觀念，因為自我就是這個人的一部分。相信了什麼觀念，就會創造出什麼實相，人常會不知不覺捍衛自己的觀念，其實沒必要。我們對自己的信心要高於對觀念的信心，一定要開始學會改變自己的觀念，不需要堅持。

如果一個人對危險或潛在的災難念茲在茲，常常神經兮兮，那麼可能會在心電感應上收到災難的訊息。基本上，建立起什麼信念，就會收到什麼訊息，有些人專門收到別人內在不好的訊息，有些人則專門收到別人內在好的訊息。所以，信念系統不只是創造實相的工具，也決定了一個人會收到哪一類的心電感應訊息。比如說，有的學員來這裡上課，會收到所有人的祝福，覺得每個人都很友善，但是也有的學員會認為這裡的人都對他有敵意，隨時要攻擊他、嘲笑他。

如果某甲老覺得別人在反對他，那麼，他從對方講的一百句話裡，會看到有五十句話在反對自己，有時候傻人反而比較有福，因為我們真的只看到自己想看的東西，然後把它當作事實。

我們當下就在收集別人對我們的看法，別人的角度只是一種可能性，像有時候，我對一個人的看法充滿著各種可能性，可是我常常會發現，他只鎖定了我對他的某一種看法，因為那種看法符合他的自我形象，他可能沒有覺察到我對他還有其他更多的看法。

例如很多孩子會對父母說：「你們都只看到我的缺點，沒有看到我的優點。」父母真的都只看到孩子的缺點嗎？不是，而是有時候父母只表達出孩子的缺點，但孩子還不夠成熟，沒發現父母的用心良苦，等到有一天長大了，他的信念改變，會突然發現原來父母對他不全然只是批評。

舉一位女學員為例，她以前都覺得父母對她最差，從來不愛她，這是事實嗎？還是她覺得自己不值得被愛，在自卑感作祟之下，專門收集父母對她的不喜歡？如果有一天她發現自己沒那麼糟糕，其實還有很多優點，信念一改變後，再回去看父母對待她的方式，可能會全然改觀。

比如說，有的學生每次看到我都被我罵，因為那時候他也正受困於自己的挫折感，所以只看到我在罵他，沒有感受到我背後的愛和接納，等到有一天他比較有自信心，在回憶這一切時，才發現原來當時我對他不只是責備。

由此可知，每個人自己的狀態會決定別人對待他的方式，如果我覺得某個人對我好，就會發現他真的對我很好，他對我壞的部分相對不重要了，而他也會因為這樣，兩人的互動越來越好。可是，如果我覺得某個人對我很壞，我會一直看到他對我壞的地方，看不到他的好，像很多夫妻到後來都變成如此，看不到對方的優點，把對方罵得一無是處，直到另一個女人來搶，又不甘願拱手讓人。

抱持著「全世界都是好人」的信念，能保自己一輩子平安

賽斯講過一個很重要的信念，能保大家一輩子平安，那就是：全世界都是好人。一旦這個信念很強，那麼就算來到身邊的是壞人，也會變成好人。現在我們的教育都不是這樣，我們教小孩子在未判定對方好壞之前，先假設陌生人就是壞人。

賽斯說，這個世界不是沒有壞事，可是我們要假設所有人的本性都是好的，縱使做出來的行為不好，背後都有善的意圖，這一點非常重要。一旦擁有這樣的信念系統，就能幫助這個世界變得更好，因為信念系統會幫忙建立整個磁場，每個人透過信念系統看到自己想看到的東西，不符合信念的東西，根本就看不到。

以《生命中最想唱的那首歌》裡的雅惠為例，她的先生曾經在二十年前外遇，這二十年來先生對她所有的好，她都視而不見，只當作是對方出於理虧的補償。直到有一天她原諒先生了，才發現原來過去她都是用自己的信念來看這個世界。

我們常常不知不覺會讓別人用符合我們信念的方式來對待我們。比如說，某甲覺得所有人都看不起他，這並不是事實，而是信念，為了符合他的信念，本來很想看得起他的人也會變得看不起他。受暴婦女也是如此，為什麼很多人不尊重她？因為她一直在告訴別人一個訊息：「你可以不尊重我。」所以人與人之間的互動非常奧妙，這一點大家要進一步去覺察。

17-2

對凡事質疑、思索的精神，有助於整體人類靈性的發展

走心靈成長這條路並不是完全非理性，很多東西還是要靠每個人自己的思索與判斷，以賽斯書《意識的探險》為例，最大的特色在於魯柏不是個迷信的通靈人，對於很多東西他不是盲信，完全不用大腦，而是會透過他的思索、質疑，一再地去問為什麼，這正是賽斯資料與當今許多新時代的東西最大的差異之處。

許多新時代的東西要求大家只要相信，不必問問題。可是賽斯資料要我們去思考、理解、質疑，同時挑戰直覺與理性。從那本書中，可以看到魯柏不斷質疑、思索的精神，真的很棒！雖然有些讀者會氣魯柏為什麼要質疑賽斯，但是我認為這種精神有助於整體人類靈性的發展，少了這個特質，很快就會發展出一個又一個非理性狂熱教派。

每當天災發生後，人們的內在特別會累積很強的無力感，心裡只想著：「什麼都不要告訴我，我也不要去問為什麼，只要你認為你是對的，我就跟你走。」於是，一個個大師、或自認能通靈的先知便乘虛而入，讓這群害怕替自己的工作、婚姻、未來負責的人盲目追隨。

科學現在已經無法提供信心和答案，醫學也是如此。比如說，科學無法預測地震，只能在大地震結束後，迅速幫受災戶重建家園；醫學無法預知未來可能再發生的流行病，只能在人生病時提供醫療。所以，整個人心惶惶，此時只要有個會通靈的人說他有預知能力，能保護大家，很多人就會把自己的財產完全奉獻出去。

賽斯在談論狂熱教派時提及，任何會讓人覺得被威脅、心不安的信仰，像是如果不佈施、不做功德就會下地獄的論點，都可以置之不理。地獄唯心造，沒有地獄的存在，也沒有惡魔和邪靈實質的存在，有的只是人內心的投射，那是人心中尚未面對的自我。信仰是要讓人心安，不是讓人恐懼，在這個時代，以這種負面資訊為訴求很容易打動人，讓人心生恐懼馬上捐錢，因為恐懼是最會傳染的一種能量。

在《個人與群體事件的本質》也提到，將來這個世界會有一些天災人禍、嚴重的社會動亂，會有一些狂熱教派興起，甚至會有大規模的流行病發生，可是這一切的動亂和變化都是為了迎接一個更好的時代。賽斯保證絕對不會有大規模的戰爭和人類集體的毀滅，光是這一點就要讓大家的心慢慢安定下來，對我而言，也是讓我能夠面對未來的一股安定力量。說實話，現在沒有人知道未來會發生什麼，整個世界的局勢千變萬化，尤其是人心變化多端，速度越來越快。

17-3

憤怒讓人格有力量去溝通表達，不至於陷入無力而自殺或採取暴力

（《個人實相》第七十二頁第九行）這裡解釋為什麼有些人常常能收到一些災難的訊息，甚至突然覺察到一些預知夢，夢中預告的不是天災就是人禍，例如九二一地震或ＳＡＲＳ。賽斯說，擁有這種能力的人不要太高興，這可能是因為他內在相信「生命是這麼脆弱，步步都是危機」的想法，這種核心信念在心中變得這麼強，於是啟動了預知危險的能力。要是預知危險的能力很強，又沒有足夠的智慧和心的穩定度可以化解，那麼恐怕一直活在恐懼不安中。

很多有預知能力的人，每天都在散布恐懼與不安的訊息，老實說，假設明天是世界末日，我寧願不知道，因為至少我今天還可以很快樂，可以自在充實地生活。假設某甲在五年前就知道五年後世界會毀滅，而他又沒有能力改變世界，那他一定會發瘋。

以《魔鬼終結者》第二集為例，裡面未來世界救世主的媽媽，相信不久之後是世界末日，所以被關進精神病院。故事中沒有說這件事是真是假，剛好她兒子是救世主，所以能做一些事，如果她兒子不是救世主，那她就只能眼睜睜看著兒子死掉。一個充滿無力感的人會做出許多瘋狂的事情，以克服內心的恐懼。

我昨天寫了一篇文章叫〈暴力兒童〉，兒童為什麼會有暴力？第一、因為兒童不能表達自己的意見；第二、兒童生氣時必須壓抑下來。憤怒的情緒最能讓一個人感覺有力量，若是無法呈現憤怒的情緒，會覺得非常無力，因為連憤怒都不行。假設一個生命的無力感持續存在，這個生命就不會存在。

無力感也是憂鬱症的本質，憂鬱症患者在面對環境、家庭、經濟時無能為力，一旦無力感持續累積，生命就會結束。對許多人來說，抗拒無力感最好的方法是暴力，藉由暴力的扭曲方式重新得回控制權。因此，憤怒非但不是造成暴力的原因，相反地，憤怒讓一個人格覺得有力量去表達、溝通、改變，這個人格才不會陷入無力而自殺或採取暴力。現在集體人類正面臨這個困境，我們內在開始累積很大的無力感，面對未來不知所措。

能預知災難的人是因為內心有太多負向的核心信念，不值得慶幸

有些人對災難極為恐懼，於是讓想知道災難何時會發生的信念啟動了預知災難的能力，如果以後聽到某某人會預知災難，並不值得高興，對災難的預知表示這個人在生命當中，不斷地收集恐怖的訊息，就像早上報紙一攤開，只關注社會悲慘事件的新聞，把心靈能量完全用來預知危險。

就像有些過度擔心的媽媽也會陷入同樣的情況，她們看到的都是孩子不好的未來，可能會遭遇到的危險和災難。不要以為這樣的媽媽很盡責，她們內心有太多負向的核心信念，縱使能預知孩子悲慘的未來也避開不了，因為她們對危險和恐懼如此深具信心。所以，不管我們對未來抱持什麼看法，在當下要建立起「我是安全的」信念，不管明天是不是世界末日，今天就是要快快樂樂的活。

我常常坐飛機飛來飛去，像今天在台中機場降落時震動得很厲害，我會閃過一個念頭：「掉下去怎麼辦？」如果這就是我的最後一天，我會平靜的

接受，恐懼、害怕沒有意義，也毫無助益。我的人生觀是去珍惜每一天，而不是擔心哪一天生命會結束、世界會結束。

賽斯說，如果一個人常做預知性的噩夢，或是他的第六感充滿著恐懼和害怕，不要高興，而是要自我檢討，他真正該做的是檢查自己有意識的信念，因為它們這麼強而有力，不僅使他一心掛慮著人世間的災劫，還把內在能力也都用到那上面去了。很多的宗教家都落入這個陷阱而不自知，每天都在告訴大家世界很亂，末世來臨趕快修行，或說些可怕的話，像是：「你還吃肉？你自己爸爸媽媽的肉你敢吃嗎？你有沒有人性啊！」讓人心生恐懼。

我很多病人都是從吃素轉成吃肉後開始生病，因為他們潛意識相信自己在吃親人的肉這個觀念沒有改變，所以從吃素變吃肉後良心不安、失眠。由此可知，這些話語對人的內心造成的傷害和恐懼有多大！

老實說，擁有預知能力不見得是好事，要看這個人開不開心，有沒有利用這個能力去幫助更多人？還是只把自己感受到的恐懼傳給周遭的人？像我遇過幾個精神病患者，都是來自信仰很虔誠的家庭，從小就接受各式各樣的負面威脅和恐懼的訊息，後來負荷不了產生精神症狀。我才警覺到我們整個社會、家庭裡，究竟有多少負面的訊息在流通？像魯柏小時候曾被媽媽虐待，他內在有一個信念是：「如果不是因為我不好，媽媽怎麼會這樣對待我？」所有這些自責導致他後來罹患關節炎。

再舉《倩女幽魂》第二集人間道為例，裡面的普度慈航後來用催眠讓所有人跪在地上，磕頭說：「我渾身罪惡，我該死。」大家不要覺得那一幕是假的，有太多的人跪在偶像、崇拜的神佛面前，深切地告訴自己：「我該死，我有這麼深的原罪、業障，我實在好爛，這輩子再不修，怎麼會有希望？」然後也把這樣的訊息給了孩子，在我的個案裡，看到有的孩子長大後得到癌症或精神病，因為那種恐懼深植在他們的潛意識當中。

17-4

人在身心脆弱時，需要的是空氣、陽光、水、與健康的人密切接觸

如果大家過去曾有原罪或業障的觀念，請試著拔除。回到賽斯的根本理論，我們現在就活在恩寵的狀態，沒有原罪、業障，不需要為累世的業障背罪，當下即是威力之點；所有的時間同時存在，現在的自己就像剛從宇宙誕生出來那麼新。回到這樣的根本理論，心才會安。

（《個人實相》第七十三頁第三行）心電感應的溝通無時無刻不在進行，所有的一切都在無意識的層次上發生，只因我們的意識心是在一種「變為的狀態」，無法留住所擁有的全部資料。縱使意識心沒有留意到，無數的心電感應溝通仍在我們的內在進行。

如果一個人有意識的念頭比較偏向「正面」，就會對同性質的心電感應資料起反應，縱使他只在無意識的層次這樣做，有意識的自己根本沒有覺察到。我發現這是很多人的一種自我覺察，意思是比較正面的人，就會對正面的心電感應訊息起反應。

我以前聽個案講過，他知道自己比較負面，所以後來學會跟比較正面的人相處。我不太清楚何謂磁場，也許判別磁場好壞的方式，是去檢視一個人大部分的思考模式究竟是偏向建設性、充滿活力，還是偏向悲觀與負面。像罹患憂鬱症的人特別要慎選朋友，因為那時候他的心電感應處在負面狀態，如果又與更負面的人在一起，彼此會互相加強，導致身心症狀加重。

賽斯說，現在醫院的設計是不對的，把那麼多病人聚在一起是個不利的做法，因為很多病人看到隔壁床的病人在急救，結果往生後床空了下來，心情都會受到影響。開個小玩笑，有個病人住院時問護士說：「你們哪一張床沒有死過人？可不可以挑那張床給我？」護士回答：「只有醫生值班室那張床上還沒有死過人，其他每張病人睡的床可能都死過人。」

人在身體或心理層面較脆弱時，需要的其實是空氣、陽光、水，加上與健康的人密切接觸。當然那個健康的人不是帶給他壓力讓他生病的人，而是能正面思考且交情匪淺的好朋友來鼓勵他，例如以前的國小、高中同學。當然那個人目前不能太悲慘，否則兩個人就一起燒炭自殺。

專心致志在什麼上面，就得到什麼

藉由把注意力集中在生機、力量與創造性的念頭上，一個家庭能不斷地加強它的喜悅、歡樂和自發性；如果加強怨恨、憤怒、懷疑與失敗的想法，也可以讓它一半的能量白白溜走。這裡我要提到目前的生機飲食店，我相信其中有很多做得很好，介紹關於植物的營養、生命的活力、大自然如何帶給人健康等正面的訊息。

我反對利用負面和恐懼來推銷健康食品的生機飲食店，像是恐嚇民眾說一般的水不能喝、食物含有毒素不能吃，否則會致病。賽斯講過，食物越純淨，人當然越健康；可是，以恐懼為訴求，的確最容易讓人掏錢買東西，像有些宗教組織會說：「你要是不捐錢做功德，祖先會在地獄受苦。」人不要因為恐懼而行動，恐懼才是身體最大的毒素。

專心致志在什麼上面，就得到什麼。如果將注意力放在家人的優點、努力、付出、內在的歡樂上，那麼，整個家庭的正面能量會開始加強。抱持著感恩的心，成效越好，因為「感謝」代表願意去看到正面，而不是永遠在批評、指責。有時候甚至要去感謝自己最恨的那個人，感謝對方讓自己成長，認清一些事情，這就是把注意力放在正面上。

像健康也是，越專注在身體如何健康，就越會得到健康。可是，現在的醫學都是在誤導大眾專注在人容易生病，於是醫院越蓋越多，恐懼越滾越大，我們的內心沒有平安，只有害怕生病。說實話，所有害怕生病的人，恐怕一半以上都是被醫學製造出來的，所以，我們還是要回到專注於健康，不要把焦點放在問題上，以免不斷強化問題。

建立起個人存在的意義，疾病才會痊癒不復發

感官資料會加強我們的想法，在無意識層次上，我們也會對內在資料作「千里眼」與心電感應的反應，尤其是涉及對「生存」的意念。跟大家分享一個臨床經驗，我最近治療一個病人，兩年前是三期末的肺癌，這兩年來都很好，從上個月開始快速惡化，我上禮拜看到他時很難過，因為他的腫瘤轉移到左腦，右手右腳沒有力量，走路不穩，記憶力出問題，沒辦法把一句話

講完。

我一直覺得很疑惑，這個病人的工作壓力放下了，生活也很悠閒，沒有那麼大的痛苦，為什麼又復發？後來我才發現，原來他沒有建立起存在的意義。因為在家族當中他最傑出，一肩扛起上一代和下一代的責任，包括孩子到國外留學等所有的經濟壓力全都是他負責，這變成他個人存在很重要的意義。一診斷出肺癌時，他雖然放下了很多責任和壓力，同時卻也失去了存在的意義，不知道自己為什麼要活著？自認為無法再為世界做出貢獻。

他說：「我現在得肺癌了，不可能回到工作崗位，年紀也慢慢變大，還能為父母做出貢獻嗎？我的孩子都長大，完成學業能養活自己了，我還有什麼存在的價值呢？」幾乎所有重病的個案都會問自己：「我還能對這個世界做出貢獻嗎？我活下去對我所愛的人還有意義和價值嗎？」如果找不到，這個人一定會死，即使健健康康，也可能突然跌倒摔死，因為他內在已經失去了對生命的渴望和追求。

這些臨床經驗讓我做很深的自我反省，我在想，會不會我的治療方向出了問題？因為每次我遇到這樣的病人，都會花好多的時間和精力帶領他們成長，認識身心靈觀念，但我發現其實這些都可以不要做，我只要讓他們覺得繼續活下去，對這個世界、對家人有意義、有貢獻，就一定活得下去，否則即使生病後沒有了壓力，內心沒有痛苦，癌症還是會復發。

比如說，原本一家公司的負責人，在打拼後有了非凡的成就，但因為生意不好做，壓力太大生病了，生病之後什麼事都不做，病就會好嗎？不見得。他過去將那麼多的熱情、精力投注在事業上，而現在他存在的意義就只是養病，不曉得怎麼對自己好，也不懂得如何享受人生，一心認為生病了不能再為世界和家人做出貢獻，就表示自己的存在毫無意義。

我很想幫助這些得癌症和生重病的人，找到生命再出發的意義。請大家一起來投入和推廣賽斯思想，幫忙這些人找到生命發光發熱的方向。說實話，我希望藉由這樣的方式把各位捲進來，讓大家在生命中做些事情，好為自己、為家人、為世界做出貢獻，如此一來，生命會完全不同。

17-5

價值完成會讓人覺得被需要而變得健康

如果一個人懷抱著愛心，急著想幫助這個世界，可是根本沒有採取行動，此時內心會累積無力感。所以，賽斯一直鼓勵大家在目前所在之處，去當腳踏實地的理想主義者，不要因為理想很小就卻步，縱使是小小的一步都要去做，才不會陷入越來越大的無力感。

後來我發現，若想治療癌症病人，要發展出一種價值完成治療法，把他們的生命重新導向價值完成，讓他覺得活著有意義，對世界有貢獻，生命有個奮鬥的目標才會健康，否則只是苟延殘喘，等著復發。

舉我媽媽為例，因為我不見得每天會回家，她跟我爸見面也常吵架，想去賣東西小孩又不准，閒閒沒事只好生病。現在她找到一份工作，去當我姐姐小孩的保姆，採取上班制度，中午去晚上回來，領薪水。對某些人來說，不領薪水，價值就無法完成，擁有一份工作會讓人覺得自己被需要，這是個很重要的感覺。所以，當父母想去賣冰、賣檳榔時，子女不要說：「你就享福嘛，又不缺錢。」而是要鼓勵他們去做想做的事。

因此，我們面對老年人也要用價值完成治療法，讓老人家覺得自己被需要。像我最近看一部電影叫《心靈奇蹟》，講的是一個智商比較低的病人住進老人院，結果改變了整間老人院。

任何痛苦的背後都有個負面的限制性信念，只要找到，痛苦就會解除

（《個人實相》第七十四頁倒數第七行）在一個更大的角度來說，「正面」或「負面」沒多少意義，因為實質人生的經驗就是為了讓我們學習，但如果不快樂，那麼「負面」這個詞就是有意義的。賽斯並不是用一種價值判斷，告訴我們何謂正面、何謂負面，重點在於是否心安、快樂，當生命碰到沮喪、挫折、憤怒、悲哀時，就要開始檢查自己的信念。

我有一句名言供大家參考：「如果一個人遇到任何痛苦，其背後一定有個負面的限制性信念，只要找到那個限制性信念，痛苦就會解除。」這裡

的痛苦包括身體病痛、人際關係、親子關係、婚姻、事業、情緒不平衡的痛苦。比如說，有的人陷入生活無助的痛苦，可能他背後的限制性信念是：「接受協助是懦弱的行為、失敗是很可恥的事，或是，我再怎麼失敗也絕對不讓人看笑話。」

有的女人陷入婚姻失敗的痛苦，背後的限制性信念是：「我的婚姻失敗，表示我的人生失敗，沒有活著的價值。」有的人罹患憂鬱症，背後一定有個限制性信念：「我是個沒有用的人，因為我的事業失敗、賺不到錢。」如果沒有面對限制性的信念，病永遠不會好。

在面對任何的感情痛苦、家人相處的衝突時，不要再去責怪配偶、父母，怪一切的人事物都沒有用，因為我們自己才是實相的創造者，不是環境的受害者，不快樂絕對不是其他人造成的，很多人還沒有覺悟到這個事實。其實所有痛苦的背後一定有限制性信念，偏頭痛、B型肝炎等身體上的痛苦也不例外，我們要將痛苦轉化成喜悅、成長，化煩惱為菩提，不要一直停留在痛苦中。

我看過一部電影叫《抓狂管訓班》，有點誇張好笑，呈現的方式比較另類，卻也是個心理治療的過程，道出了一個人內在問題與童年經驗的關聯，值得大家深思。

如果我們對自己夠誠實，終究會找到那個「核心信念」，尤其是不快樂和負面情緒的背後，一定都有，我們要去找到，然後為自己負責，怪罪別人毫無用處。許多其他的附屬信念，先前看來彼此不相干，現在也很明顯地現形為核心信念的分枝。唯有「核心信念」能使我們的感知集中在某個焦點，讓我們感知那些與它相關的事件，也只有核心信念才能從我們廣大的內在知識寶庫裡，抽出切合它組織的事件。

基本上，每個人都活在兩個世界，一個是主觀的世界，由自己每分每秒的信念、情感和想像力交織而成；另一個是相對於自己之外的客觀世界。賽斯說過，一個房間裡有幾個人，就有幾個世界，因為每個人都用不同的觀點看周遭環境。比如說，某甲走過一條街道，他對那條街道一定有自己的詮釋，也許是安全喜悅，也許是混亂悲傷。

很多人誤把自己的主觀世界當做真實的世界，只活在自己對世界的主觀詮釋中而不自知，其實沒有一個人能活在真實的世界，大家都是活在兩個世界裡，瞭解了這點才會解脫。如果想去認識一個人，我們就得先拋棄自己原來認知這個世界的角度，透過對方的眼睛看這個世界。

第18講

18-1

核心信念決定了人生觀，也決定了看世界的心態和所看到的世界

賽斯探討很多關於核心信念的例子。在生命中遭遇到痛苦，正是檢視自己核心信念最好的時候。

（《個人實相》第七十五頁第六行）很多人內在的核心信念是「人性本惡」，在報紙、電視、信件，甚至私人談話中，他們只集中注意力於能「證實」那個信念的資料。這些人相信人性本惡，讓自己活在由此信念幻構出來的世界。

所有人看到的世界，都是由自己最切身的核心信念幻構出來，包括我在內，重點是自己知不知道？或是知道後，是否仍只活在原來的核心信念幻構出來的世界？要是不喜歡自己看到的世界、所過的生活，一定要開始改變核心信念。

如果有個人的核心信念是：「我的生命沒有價值，我做的事毫無意義。」他就會看到自己做什麼都失敗，愛人一個個離開，老是覺得全世界在跟他作對，周圍的人總是要打擊他，不斷地活在自我否定，失去自信心，憂鬱症也會一再復發。

每個人的核心信念會建構出他所感知的世界，因為核心信念會產生其相對應的情感、想像力，會衍生出自己看待過去、現在、未來所有的心態。基本上，核心信念決定了我們的人生觀，也決定了我們看世界的心態，而這個心態就決定我們看到的是什麼樣的世界。因此，最透徹的修行是去看到自己所活的世界，是由哪些信念建構出來。

比如說，某甲可能一天到晚抱怨這個同事出賣他、那個同事看不起他、對他不友善；他很想改善人際關係，可是真正的原因在於：他究竟是用什麼核心信念建構出這個世界？因為他的核心信念是自己根本不夠好，在這樣的前提下，怎麼可能會有好的人際關係呢？怎麼能怪別人討厭他呢？沒有人會喜歡一個沒有用的人。

我們要看清楚到底是哪些核心信念建構出自己現在所活的人生，去面對、改變內在的核心信念，這就是《個人實相的本質》要教大家的。賽斯說過，如果看透了這本書，就會以一種更有力量的方式活在世界上，整個生命會朝向積極、光明、正面，透過信念創造出自己想要的實相。

其實每個人對自己、對這個世界所抱持的信念，會決定事情順不順利，很多事情之所以不順利，都不是事情本身，而是在事情發生之前，當事人的心裡早就產生懷疑，會擔心：「這樣行得通嗎？別人會不會覺得怎麼樣？」加入了太多的思考後，就不能順其自然，自己的內在無法與神奇之道和直覺搭配，事情一定不順利。

理性常常告訴我們要找出每個危險，可是危險永遠找不完，不過我當然不是要大家做天真的無知主義者。賽斯講過，在最頂尖的弓箭手眼中，只有弓箭和紅心，不會去看紅心旁邊的蜻蜓、小石頭，以佛教的術語叫做「一心不亂」。我的人生態度也是如此，當我想做一件事，就直接從這個地方看到那個地方，不會去預設所有的危險、困難。當然，一個人也可以去預設很多的危險和困難，畢竟那都是創造的一部分。

太多人相信人生充滿荊棘、阻礙，處處是危機，抱持這樣想法的人，甚至會自認為很聰明，能看到別人看不到的危險。就像以前我有個學生說：「事情這麼順利，這個男人這麼愛我，一定不是真的。」她學到的是幸福是種假象，人生快樂的結局也是假象，而真正的實相是要危險、痛苦、挫折。可是，通常這種人最後會變成悲觀主義者，不相信真正的幸福。

18-2

教育是讓孩子覺得生命有成就感，然後將這股成就感轉移到困難之處

有些人從過去的經驗學會不再信任。我曾舉《刺激一九九五》為例，電影中的銀行家想要逃獄，黑人室友告訴他：「不要心存希望，有希望就有失望，認命吧！」其實很多人對未來不再抱著希望，不再相信人性本善，他們認為那都是騙人的童話，還是做一點防範比較好，於是人心開始變得恐懼不安。老實說，大家都不願意如此，又無可奈何。

我的做法是：只要有一個人開始改變，就會有越來越多人跟著改變。可能會有人跟我說：「就算我不防範，別人還是會防範呀！那我不是會受傷嗎？」我會說：「好，那就繼續受傷吧！你一定要相信，你的感動和決心最後會讓周圍的人開始改變，這就是信念的力量。」

（《個人實相》第七十六頁第三行）賽斯無意叫我們只特別寫下負面的

意念。接受快樂信念的存在，要把經驗中那些成功、得意的因素考慮在內。他要我們去捉住那種成就感。這部分可以用來治療憂鬱症，很多憂鬱症的人是完美主義者，看不到自己一百個成功的地方，只要有個地方失敗，就會跌倒，一粒老鼠屎壞了一鍋粥，像是一張完美的臉，只要有一顆痣，整張臉就毀掉了。

我記得以前我國中有個很棒的女校長，後來爆發一件貪污案被判罪，在入獄服刑前上吊自殺。當然，我知道她很痛苦，只要在入獄前自殺，她這一生就算是清白的，這時候決定活下去需要更大的勇氣，因為活著還要面對一大堆爛攤子。

賽斯給憂鬱症病人的建議是：「看到自己表現成功的地方。」可是在我們的文化裡這又被禁止。像小孩回家說：「爸爸媽媽，我數學、國語都考一百分耶！」爸媽就回說：「那自然呢？你自然只有八十八分，怎麼說？」一般父母怕小孩子得意忘形，從小就打擊孩子的信心，一聽到孩子說自己什麼地方表現得很好，父母馬上會告訴他什麼地方不夠好，還要改進。

很多人內在悲哀、憂鬱的基因，早就深藏在靈魂當中。對憂鬱症的人來說，即使所有人都說他很棒，可是他就是覺得自己很爛，因為從小到大，他所做的很棒的事情都被視為理所當然，只要有一件事情做得不夠好，他就是不好的。我們要打破這個價值觀。

大家到現在懂這個道理還來得及，先看看自己，再去鼓勵孩子：「孩子你好棒，不論在別人的眼中你多失敗，縱使你是全班最後一名，都是媽媽心目中最棒的孩子，是媽媽生命中永遠的驕傲。」一定要跟孩子講這句話，從這個地方來改變自己的悲觀、內在的痛苦。

我們大人常常很奇怪，因為怕孩子驕傲自大，結果教出很多自卑的孩子。我們應該要信任，如果孩子過度自大，人際關係會不好，他自己會修正，請放心，父母不必去刺激他。在教育孩子時，要讓他覺得生命有成就感，然後把那個成就感轉移到困難之處，像是說：「你以前事業失敗兩、三次都爬得起來，現在只不過離婚了而已，來，再把這個精神拿出來。」或是鼓勵憂鬱症病人說：「你以前走過大風大浪，那麼痛苦的歲月都熬過來了，現在一定沒問題，我挺你。」

信念改變時，經驗與行為也會改變，但同時會面臨創造性的壓力

每個人創造自己的實相，這句話說再多次也不嫌多。每個人都活在由自己的核心信念建構出來的實相，認知到這一點就能拿回力量。

這裡賽斯又舉一個例子，「財富即一切」這個想法固然極不正確，但若一個人死心塌地接受了它，他真的會既有錢又健康。可是在他的經驗裡，必然有不為他所知的無形鴻溝存在。表面上這個人彷彿心滿意足，但在表面下，對自己「並不完滿」的瞭解卻時時啃嚙著他。很多人的信念有所改變時，經驗與行為也會改變，一方面在學習，一方面會面臨創造性的壓力。

舉例來說，很多人減肥成功後，原本的朋友會離開，而且在減肥過程中，也會遇到來自朋友的打擊：「你不可能成功，放棄啦！跟我們一起繼續吃。」周圍的人就是與我們共享同樣信念的人，改變信念時，一定會有情感的拉扯，人際關係會改變，但是會找到能分享新信念的朋友。

像很多狂熱教派的人之所以能很快地聚在一起，就是因為他們分享很多恐懼的情感和信念，彼此加強後，磁場開始感應。而有些孩子本來都聽媽媽的話，如果有一天他想改變與媽媽之間的關係，此時為了成長一定會

產生衝突。

在電影《心靈點滴》中，羅賓威廉斯的女朋友後來被病人殺死，為什麼？因為她開始願意接受男朋友的觀念：去相信人，去真心幫助人。所以當病人跟她求助時，她讓那個病人到她家裡，結果被病人殺死了。羅賓威廉斯面對這件事時，問自己：「我的女朋友因為接受了我的信念，開始去信任人性本善，在半夜願意去幫助一個無助的病人而犧牲了生命。是不是我害死了她？我還要再信任人嗎？」

這才是人性真正的考驗。很多人都曾經心懷善意想幫助別人，可是被騙、被害了之後，不再那麼笨了，雖然之後不再繼續上當，可是內心的某部分一直有種缺憾，可能變得憤世嫉俗，或是很討厭這個世界不好的地方。例如，很多人曾經很信任朋友，後來被朋友出賣了，就會說：「從今以後我不再信任人，不再把內心的話告訴別人。」老實說，從那一天起，他們也沒有以前那麼快樂了。

可是當一個人決定要再度信任人，就不會再被騙嗎？不一定。很多人說：「許醫師，我聽了你的話，願意相信人性本善，幫助別人，可是又被騙了，怎麼辦？」我會說：「等到你寧願被騙也要相信人性本善時，你的生命就要發光發熱了。」其實我們可以在相信人性本善的同時，不要讓自己那麼容易受騙，或是選擇相信人性本善，但在被騙時告訴自己：「那是對方的損失，不是我的損失。」

18-3

疾病是為了改變某些限制性信念，不是每個人都得靠生病才能轉變信念

一般人把自己的智慧用在防止被騙上面，這其實不是智慧，只是經驗的累積。真正的智慧是：在被騙一次、兩次、三次後，繼續對人性保持信心，但是不讓自己再輕易受騙。所有要走賽斯、走身心靈這條道路的人，就要有這樣的決心，這就是前面講的創造性壓力。我們在改變某些信念時，舊的信念可能會作用。

例如《心靈點滴》裡的羅賓威廉斯面對了一個創造性的壓力：女朋友因為相信他的話而被殺害，那麼他還要繼續熱心助人嗎？最後他選擇要繼續，為什麼？有一個前提：「縱使我的女朋友是因為相信人性本善而死，但這個生命已經達到了價值完成，這樣的成就遠高於相信人性本惡、防範別人而活到八十歲的生命。」

就他的女朋友而言，選擇用生命來捍衛她所相信的信念，也是在面對一個創造性的壓力。也許在更深的層面裡，衝突太大了，她也不知道如何繼續走下去，所以先退到後台，下輩子再來。改變信念都會面臨一段混亂期，不論是情緒、行為、或生活的混亂。大家開始接觸賽斯資料時，也有同樣的創造性壓力。學員想把學到的內容告訴家人、同事，如果沒有人聽，就會產生衝突、溝通不良，最好的辦法是帶他們來上課。

（《個人實相》第七十七頁第三行）剛才說的那個富翁，有一天發現自己是富而不仁時，開始懷疑自己其他的信念，那麼他會生一場病。比如說，有個女學員在生病前和生病後一定有信念的重大改變，生病前的她可能把金錢、感情看得很重，只要男人背叛她，絕對要報復。可是生病後開始改變，她心想：「我的生命一定要這樣過嗎？金錢、愛情代表一切嗎？如果沒有命了，錢有什麼用？這個男人是不是忠於我有什麼意義？我為什麼要把這些東西看得那麼重？我自己開心比較重要。」

很多人生病是代表他們內在的重大信念要改變了。為什麼有些病沒有好或變成慢性病？因為信念改造的內在工程尚未完成，卡在限制性的信念裡，所以離不開這個病，於是信念、人際關係、情緒都還在衝突。

一個人的身體最不好、人際關係最混亂、或跟家人的衝突最多時，就是他的信念面臨衝突，正在改變，因為內在的衝突會反映到外在。此時，如果能看清楚到底是哪些內在信念在衝突，人生會變得不一樣。

不是每個人都得靠生病才能完成信念的轉變，對於生病的人，不管是慢性病、癌症還是所有的疾病，可以用價值完成治療法或信念改造治療法。疾病本來就是為了達到某些限制性信念的改變，如果能幫病人看到原來的舊信念，然後轉換成新信念，則像賺不到錢、愛情、健康等生命的僵局，也會因此打開，因為這些僵局就是要把一個人導向健康的信念。

人生經驗涵蓋了很多我們不知道的各種層面，不必靠生病才能把這些信念帶出來。一堆新的信念也許會浮現出來。每個人的心靈本來就有內在的知曉者，也就是說，內在有個覺者隨時知道他的困難，也隨時能提供新信念。可是如果他太過固執，自以為是，堅持原來的想法和觀念，拒絕接受新訊息，那麼新信念就進不來。

思想造成了病痛，開始改變思想，肉體會跟著改變

有意識的想法管制我們的健康狀態。若要改變健康狀態，最快最有效的方法是改變有意識的想法。立刻改變有意識的想法，就會瞬間改變健康狀態。

如果一個人一直掛念著疾病，就會生病。既然他相信自己是因為濾過性病毒、感染或意外而生病，那麼他就必須去找在那個信念體系中運作的醫生。因為他相信那些醫生能治好他，運氣好的話，他的毛病會得到紓解。然而，他並不瞭解，是他的思想造成他的病痛。這是很深的境界，至少我們的學員都開始去思索，是思想造成了病痛。

如果一個人開始接觸身心靈觀念、賽斯思想，會處於改變信念的過程中——開始了悟是自己的思想和感受引起了疾病——那麼有一陣子他可能會不知如何是好。例如有人問我：「許醫師，我要不要繼續吃藥？不吃藥病會不會好？」

我從三個層面來說明，第一個層面的人，根本還沒有進入狀況，就是去找醫生吃藥；會提出上述問題的人處於第二個層面，這些人不想吃藥，可是

希望病好，但是又不知道該如何讓疾病痊癒；第三個層面的人，開始瞭解自己的病痛是由思想和感受造成的，但是信心不足，於是處於一種創造性的壓力，左右為難，不知道該聽內心的話改變內在，還是繼續去看醫生？他們會問：「我到底要聽許醫師的話，還是看原來的醫生？我到底要相信賽斯這一套，還是繼續吃藥、打針、看醫生？」

這些人相信是自己的思想和感受造成疾病，但是還不敢完全相信有改變自己思想的能力，心裡會想：「當我改變了思想，真的可以不用吃藥、看醫生，病就會好起來嗎？」

這時候，最能幫助這個人的方法是告訴他：「沒關係，你試試看！先相信是你的思想和感受引起疾病；其次，相信你有改變自己思想的能力；再來，相信當思想、感受改變了，不管有沒有吃藥，疾病會立刻好起來。一旦成功了，下一次就會更有信心。」

我希望所有的學員都真正進到內在身心靈的修行，第一、瞭解是自己的思想及感受造成疾病，很精確地找到是哪個思想和感受；第二、開始改變思想和感受；第三、思想和感受改變之後，同時看到肉體跟著改變。請大家幫助自己和引導周遭的人進入這個修行的過程，而不是只告訴對方不要吃藥，吃藥會傷身體。

在這時，我們的思想與彷彿經驗到的實相（健康狀況、外在環境）比較印證。思想、感受、經驗改變時，就開始進入了真正的修行。事情的真相是：我們的實相是自己直接造成的，我們從物質宇宙及內在宇宙裡，收集那些似乎與我們的信念相關的資料。我們天生是不受限制的生靈，生成肉身，為的是盡我們所能把本性中偉大的喜悅和自發性，具體地顯現出來。

這就是個人實相的本質，每個人都要去看到自己生活和健康的困難，其實是由自己的思想、信念、負面的想像力和情感造成的。去改變吧！不要只是信賴表面的醫生、信賴暫時解除症狀的藥，否則當下一波SARS再來、或得到癌症時，一樣會產生無力感。

老實說，我現在所教的這一切，是要帶大家走進身心靈健康，而且真的是最扎實的修行功夫，要幫助大家徹底改變生命。

18-4

幻聽的本質是我們的潛意識與意識產生直接溝通的現象

我來講一下幻聽。幻聽常出現在哪些人身上？大家多半會在報章雜誌上看到，某某精神病人又產生幻聽了，比如說，躁鬱症的人在躁期時，如果亂到某個程度，會開始有幻聽，而重度憂鬱症的人也會出現幻聽。一般而言，在精神病理學上，這兩種疾病的幻聽都不是長期性，會長期出現幻聽的，大部分是屬於精神分裂的病人。

其實正常人偶爾也會有這種經驗，最常見的是在半醒半睡或恍神時，聽到有人在叫自己的名字，另一類是剛失戀的人，注意力不能集中，聽到愛人在叫自己的名字。還有一些是所謂的藥物性精神病，尤其像安非他命、或是有些致幻劑也會讓人產生幻覺。

我有個個案的兩個親人在四月和十月相繼過世，後來幫她親人辦喪禮的師公告訴她：「妳的氣色不好，要抽點時間來宮裡，我幫妳弄一弄。」她後來也覺得自己不太對勁，就到宮裡去配了一個觀世音菩薩的項鍊。回到家，那個觀世音菩薩開始跟她講話。

幻聽內容千奇百怪，我好奇他問她：「觀世音菩薩跟妳說什麼？」她說觀世音菩薩要她開始吃素、修行，要借她的身來拯救眾生，叫她不要買那麼多化妝品，把錢省下來救濟孤兒。她聽了嚇一大跳，趕快把觀世音菩薩還回去，但是，還回去後，幻聽仍繼續跟她說話。

她今天來回診，我問她最近幻聽怎麼樣？她說：「一直都還有。醫生，我現在跟你說話的時候，幻聽也在跟我講話。」我問幻聽說什麼？她說：「幻聽說你好帥。」我說：「這個幻聽講得很對呀！妳自己覺得呢？」她說：「對呀，我也覺得你很帥。」基本上，到目前為止，幻聽還是會希望她去修行，不要買太多化妝品。

那時候，我突然有個領悟：「所有正常人每天也都不知不覺地在跟自己的潛意識溝通對話，只不過這個人的潛意識突然變成了可以跟她對話的形式呈現出來。」這就是幻聽的定義：幻聽的本質是我們的潛意識開始跟意識產生直接對話的現象。

我問這位個案：「妳這一生到目前為止，會不會覺得自己不應該過得如此平庸？在妳內在的潛意識裡，是否曾希望妳能濟世救人？」

這是某部分的潛意識而已，我們講的潛意識不只這些範圍，還累積了我們從小到大所有的資訊。就潛意識的功能而言，每個人都知道隔壁鄰居住幾個人，發生什麼事。如果有一天，那部分的潛意識開始跟我們溝通，要是我們看起來很正常，就是神通，看起來不正常就是精神病。

精神病的人顯露出來的是意識與潛意識溝通的現象，但是潛意識的世界千奇百怪，包括心電感應、榮格提到的潛意識人格原形、集體潛意識、超感官知覺（就是神通）。每個人的潛意識本來都包含預知能力，潛意識越往深層，對資料的收集和感知能力越完備；潛意識越往表淺的部分，功能會似真似假，有的潛意識能力根本是誇大幻構，編出來的。

透過病人與幻聽的對話幫他整合意識，而非用藥壓抑幻聽產生分離

一般有精神病的人，自我意識或意識心本身相對混亂，所以對潛意識的

訊息缺乏篩檢能力，強烈地受到潛意識訊息的干擾，而失去了自我作主的能力，以至於注意力不集中、退化、行為混亂，這就是所謂的精神病，包括關係妄想、被偷被害妄想、被監聽監視妄想。

一個人的自我意識如果成熟、健全，有很好的概念，套句佛教的術語，他建立的是正知、正見，也就是正確的知識、正確的見解，在此前提下，開發潛意識就叫開悟和神通。可是，如果一個自我功能本身比較薄弱的意識開發出潛意識時，通常自我意識會混亂，產生所謂的精神病現象。

而精神病現象只不過具體顯現出正常人與潛意識的互動關係。比如說，假設我走在街上，看到一個漂亮女生走過來，我心裡會感覺這個人好漂亮；但是，自我意識和潛意識分離、而且開始溝通的人，就會聽到潛意識跟他說：「她好漂亮。」如果這個人又是相信人性本惡，等一下潛意識可能會有個聲音說：「去摸她，去跟蹤她。」於是，他就開始跟它對抗：「不要，我這麼善良的人，怎麼可以去跟蹤她？」這就是人的內在意識和潛意識之間的衝突戰爭。

所有的幻聽現象，都只是顯露出人格內在的自我掙扎，所有的幻聽內容，都是這個人和自己的潛意識對話的過程。在這裡，我要批評精神醫學界，從來沒有幫助一個有幻聽現象的病人，透過與幻聽的對話重新整合他的意識，而是用藥把幻聽現象壓下去，產生更大的分離。

很多精神病患在用藥之後，幻聽雖然改善，但自殺企圖增加，因為人格想要整合的企圖沒有了。本來幻聽現象的出現，就是這個人的自我意識發生危機，幻聽想提供協助，比如說，一個在生活中受盡委屈的婦人，幻聽變成觀世音菩薩跟她說話，或是附身訓她先生說：「你要珍惜這個女人。」或是跟她兒子說：「你要珍惜媽媽，她受了很多苦。」很多幻聽現象的出現，其實是潛意識試圖搭救一個脆弱、渺小、自卑的自我意識，想為自己爭取福利，所以，後來很多人的幻聽都是變成誇大妄想。

例如，我以前遇過一個緬甸華僑，到了台灣在餐廳打工被欺負，沒有尊嚴。他的幻聽出現跟他說：「某某同學，你不要覺得沮喪悲哀，我告訴你，其實你是李小龍轉世。」後來人家欺負他，他就有力量反擊，只是反擊完後，就被送進精神病院。

幻聽試圖以一種很拙劣、幼稚的方式，試圖來搭救這個人格所處的危機狀態。比如說，有個人缺錢被討債、家庭破裂，幻聽告訴她：「我告訴你，其實你是玉皇大帝身邊的某個玉女，因為過去在玉皇大帝那邊打破了杯子，所以被貶到凡間來受這些苦難折磨。妳放心，妳是玉女，所以妳的命運一定會開始改變。」

這個人聽到幻聽會很高興：「原來我受這些苦都是有意義的。」這時候如果幻聽離去就沒事了，但是，通常幻聽會得寸進尺，要求其他人拿錢出來供養她，於是，她開始到路上去跟路人說：「我是天上下凡的，你們為什麼都不理我？」然後在路上自言自語。這就是我們常看到的精神分裂。

幻聽都是試圖來幫助這個人的，本來內在的潛意識達到目的後，就該離開，但是，關鍵在於自我人格不願意放幻聽走，因為幻聽、妄想能填補這個人在現實生活中的失落、自卑，一旦放掉了幻聽，就一無所有而更卑微了。

18-5

正常人也隨時跟自己的潛意識對話，只是幻聽的人讓自我對話浮現出來

我要教大家如何輔導有幻聽的病人。第一、將幻聽所說的內容，視為自我與內在潛意識的對話，瞭解潛意識在玩什麼把戲。整個對話的目的，是要幫助這個人格重新整合自己。

我再回到前述個案的例子，幻聽叫她去修行、濟世救人，我跟她說：「這表示妳內在有個想幫助別人的潛意識在作用，所以妳現在的自我不是應該去修行，穿得很樸素；妳要救人，起碼要打扮得漂漂亮亮，妳自己都那麼醜了，沒有人會想給妳救。」我透過她的幻聽內容，將她想幫助世界的欲望，與她目前的人格整合，而且採取建設性的方向，讓她不要覺得無力。

其實我赫然發現，所有正常人也都時時刻刻在跟自己的潛意識自我對話，只不過那個自我對話通常被我們壓抑下去，而有幻聽的人則是讓自我對

話浮現出來。賽斯說過，所謂的幻聽只不過是房子蓋好，但是沒有粉刷，於是把裡面的東西赤裸裸地曝露出來。至於我們所有正常人，都是經過心理上某種程度的粉刷，所以講出來的可能是客套話、禮貌話，多半不是真心話。

比如說，某甲去參加婚禮，她第一次看到新郎新娘，心裡的第一個感覺是：「我老公要是有新郎那麼帥就好了！」可是如果變成幻聽就有趣了，這時心裡的感覺會透過對話的方式跟她溝通。

我發明出一種方法，讓大家來體會幻聽，就是每當我們心裡有個真正的感覺時，嘴巴說出完全相反的話。例如看到一對新人，心裡的感覺是：「兩位新人很登對！」可是嘴巴說：「簡直是一朵鮮花插在牛糞上。」或是看到天空好藍、好晴朗，感覺天氣好棒，可是嘴巴說：「今天怎麼烏雲密佈？」

要是一個正常人持續說違心之論，每次的表達都與心裡的感覺背道而馳，最後會如何？心裡會跑出個聲音質問說：「你這個虛偽的傢伙，為什麼老是說些亂七八糟的話？天氣明明這麼好，硬要說很糟糕。」一旦我們不做自己時，慢慢地裡面會有個東西受不了，很想做自己。所以，很多的幻聽都是在責備或評論當事人。

像有些憂鬱症病人說：「我實在很不想死，可是我的幻聽一直叫我去死。」很多醫生只會叫病人趕快吃藥，把那個叫他去死的幻聽壓抑下去，這簡直是死路一條。這類病人的自我意識裡，有個很強的潛意識要去自殺，而那個自殺試圖透過幻聽呈現出來，要帶領自我意識去面對和解決想自殺的潛意識，結果又被藥物壓抑下去。

這時，我們要引導那個人去面對內心為什麼有那麼強烈的求死欲望，傾聽他內心深層的痛苦和絕望，然後來幫助他。絕對不是教他不要理會幻聽說的，這麼做不會有力量，也不是叫他吃藥，硬把幻聽壓抑下去。

評論式幻聽會攻擊當事人最不願意自我面對、最在意的弱點

很多人傻傻的吃了藥，幻聽不見了，就心懷感謝，終於沒有一個聲音叫他去自殺，可是內在那個想死的潛意識和絕望的自己有沒有跟著不見？沒有。就像發生火災了，趕快拿一條毯子蓋起來，可是裡面仍在悶燒。我講的這些東西，百分之九十九的醫生不會懂，真的很遺憾。

其實幻聽現象可以讓我們知道，內在潛意識豐富的世界一直在與我們對

話，包括集體潛意識、內在很多神話的世界、宗教神怪的世界，還有更深的神通現象和預知能力，也就是我們意識未知的實相。此外，幻聽幫助我們自我覺察、自我整合，例如，剛剛提到命令當事人去自殺的幻聽，表示這個人內在已經覺得自己很沒用、沒有價值，絕對不是幻聽叫他去死而他不願意去死，這是靈魂的掙扎，是有一部分的心靈覺得活下去也沒有意義，表面的自我還想要否認這個現象。就像是喝醉酒的人，別人跟他說他喝醉了，他還大聲嚷嚷說：「我才沒有醉呢！」那是人格的意識和潛意識之間的分裂。

一般而言，幻聽可以分成兩類：命令式幻聽和評論式幻聽。評論式幻聽是指假設某個人坐在這裡，聽到幻聽評論他：「你這身衣服有夠難看，坐沒坐相、站沒站相，你以為你是誰呀？呆頭呆腦地坐在這裡，你知道周圍其他人都比你聰明嗎？你以為坐在這邊就聽得懂賽斯資料嗎？你根本聽不懂，只不過裝得很認真的樣子，我告訴你，周圍的人都知道你聽不懂。」

這種幻聽會攻擊當事人最不願意自我面對、最在意的弱點。像是幻聽說：「你這個死胖子，你以為有人會愛你嗎？」代表這個人真正的內心世界是她這輩子之所以沒有得到愛，就是因為胖，那是她的痛處。或是幻聽說：

「你以為你是誰呀？誰不知道你當時幫助那個女人是看上她的美貌？你接近她是別有意圖。」幻聽只要抓住心裡一點點動機，就會馬上攻擊，所以病人聽到幻聽說的話，一定會抓狂，這就是精神病急性發作期。

我們正常人也常常在批判自己，很在乎別人怎麼看我們，當那一部分的潛意識獲得了自己獨立的生命，經過公民投票之後，獲得自己獨立的宣言，就開始攻擊我們了。所有這些現象多多少少都存在於每個人的內心世界。

第19講

19-1

關係妄想常發生在極度寂寞的人身上，潛意識藉此幫他與外在世界連結

老實說，我剛進精神病院當醫生時，第一個感覺是那裡的每個人都是我，所有我有的他們都有，所有他們有的我也都有。多年後我才發現，原來我在精神病院待了四年，最偉大的訓練都不是來自書本上的知識，而是經由這些過程讓我重新整合自己內在的黑暗面，所有我不能自我面對的自卑、害怕別人的批評，全都透過跟他們的互動而整合了自己。

但是有一些醫生不是這樣，他們會認為：「所有在病人身上出現的現象我都沒有，所以我要幫助病人變成跟我一樣。」這種醫生永遠醫不好病人。其實在精神疾病的人身上，只是顯露出正常人本來就有的東西，而且放大了，所以我們要幫他們自我整合。

我來講個關係妄想的個案，有個姐姐來告訴我，妹妹最近有些精神狀況，隨便一翻報紙，看到「古董鐘」，就想：「這個記者怎麼知道我們家有古董鐘？」或是報上提到紅燒牛肉，就想：「這個記者怎麼知道我昨天吃紅燒牛肉麵？」所有與我們生活相關的事物，在報紙上絕對都找得到。

這就是關係妄想，通常發生在極度寂寞、渴望與外在世界產生連結的人身上。因為當事人本身的退縮、內向，阻止了他與別人發生關聯，他非常孤單寂寞，所以潛意識試圖給他另一個誇張的畫面：「全世界都在注意你。」利用關係妄想的模式幫助他。這段關於關係妄想的敘述，沒有人講過，在任何書本上都找不到，可是事實如此。

再舉另一個病人為例，上禮拜我開藥給他吃，他跟我說：「醫生，這個藥我吃過一次不太舒服，我就不吃了。」我說：「不吃沒關係，你每個禮拜來，我們談一談。」後來他就說他剛搬家，因為他的房東被他媽媽買通了，所以叫他搬家。

我發現事實並非如此，根本是他的妄想，我靈光乍現說：「喔！我知道了，你不吃我開的藥，是因為你懷疑你媽媽也買通我，對不對？」他說：「咦？你怎麼知道？」果真被我猜中了，我那麼容易被買通嗎？他以為他媽媽很有錢嗎？開個小玩笑。

妄想和幻聽有正面的價值和意義，是為了拯救內向又自認為失敗的意識

換個角度講，他以為他那麼重要啊？可是他正想覺得他很重要。像我提過，被迫害妄想的人會覺得全世界的情報員都在追捕他，對他而言這表示什麼？會被追捕表示他是很厲害的罪犯，因為他在人世間如此卑微、無助、沒有自我價值，所以潛意識要送他個大紅包，跟他說：「我告訴你，很多人都在追捕你喔！」潛意識很會騙人，非常有創造力。

他在自己的妄想裡玩得太快樂了，此時如果用藥把他的妄想打破，又沒有提供任何配套措施，就像是拿著榔頭把他的美夢一棒敲碎，連潛意識編出來安慰他的糖衣故事都被剝奪了，他會突然失去所有的慰藉，只能回到那個正常失落的人格，面臨孤單卑微的存在。

這時候真正的治療是跟他說：「對，情報員追捕你，可見你很重要，你很重要就表示你有很多的能力，讓我們來看看如何幫你把這些能力發揮出來。」我們要慢慢引導他真的走出去，而不是只能藉由妄想填補脆弱的自尊

和被打擊的自信心，這才是最棒的心靈治療。

回到剛才提到的潛意識和意識在玩的遊戲，很多的妄想、幻聽都有正面的價值和意義，為的是拯救這個內向又自認為很失敗的意識。我們必須看出這一點，然後借力使力來幫助病人，而不是一味的認定他是精神病，是幻聽害他生病，想把幻聽或妄想趕快去除掉，這是不對的。

幻聽個案神祕的潛意識世界很有趣，三太子李哪吒和耶穌常常在那裡吵得不可開交，多半都是因為內心很多的衝突和掙扎所引發，幻聽的內容正是我們瞭解他內心世界最好的窗口。

幻聽或是很多的精神病症在過去都被貼了負面標籤，但是以我過去在精神科的經驗，對於幻聽現象提供了革命性的觀點，在我們重新定義之下，幻聽是幼稚、不成熟的潛意識，試圖想幫助這個可憐的自我意識而顯現出來的樣子。雖然我們常看到的例子都是越幫越忙，可是我相信在大多數人身上，真的都幫了很大的忙。

很多時候幻聽之所以會幫倒忙，是因為當一個人出現這樣的症狀，馬上再度被貼上標籤，於是又失去了進一步自我整合、自我成長的機會，無法自我面對，所以顯現出來的都是負向症狀，例如退縮、不講話、不出門、自言自語，關在自己的世界裡。

19-2

真正的知識要直接用心感應，看看是否與生命經驗和內在直覺呼應

我開始看賽斯書不久，讀到賽斯在《靈魂永生》裡說：「你不要以為坐在這裡跟你一起看賽斯書的只有你。」意思不是後面有鬼跟著一起看，而是看賽斯書的不只是我們以為的自己，在這個自己裡面還有懂得更多的自己，那麼多意識的層面也都拼命想要學習瞭解，跟著一起在看這些書。所以如果讀不懂，只是自我意識不懂，只要持續努力，有一天會豁然開朗，很多東西都是漸進式的累積。

我真的要鼓勵大家，因為我教過的人很多，最笨的是博士，次笨的是碩士，越是本科的越笨。這就是以前佛教講的知識障，在我的學生裡面，精神科醫師最難教，我曾經教過一個，後來他的痛苦掙扎太大，受不了。反而是本來沒有這些專業知識的人，很多的知識經驗沒有被專業污染過，覺得這些內容理所當然，因此學習和成長的空間更大。

很多人問我說：「你為什麼不去教育那些專業的人？」其實他們不是笨，只是他們腦袋中學習的杯子已經滿了，思考模式受限。我最怕他們問：「你這是來自哪個派別？這個派別的傳承是什麼？」我說：「這跟哪個派別有什麼關係？就看有沒有道理嘛！」

很多東西是要直接用心感應，看看是否與自己的生命經驗、內在直覺有所呼應，那才是真正的知識。在專業知識上，精神科醫師彷彿懂的比較多，但是我跟大家保證，關於生命、健康，在這邊上過課的同學懂的絕對比他們還多。即使是以為自己聽不懂的學員，也已經慢慢在聽懂了。

像精神分裂的人，老是覺得有人在偷聽他說話、跟蹤他。我們可以從三個層面來看：第一是極強烈的不安全感；第二是前面提到的很孤單、很需要被關心，投射出去就變成有人無時無刻不在監視他；第三是因為他的意識和潛意識已經相對分離，也就是他內在某部分的潛意識，形成了所謂的次人格。

本來潛意識沒有具體的人格，可是一旦潛意識形成了次人格，次人格就會跟主人格對話，產生所謂的幻聽。為什麼主人格老是覺得有人在監聽、裝針孔監視？因為主人格感覺到有一個次人格環伺在側，那是一種內在的感覺，內在的感覺一定要投射到外在去才能處理，這也是我們為什麼會活在物質實相、且與其他人互動的原因。

我們透過看到星星、月亮、太陽，看到這麼多人、事、物，親戚朋友互相折磨，才能瞭解外界的這面鏡子其實是反映內心世界，藉由外境認識我們的內心，原來外就是內，內就是外。

剛才提到主人格一旦感覺到次人格在裡面形成，不但會觀察他的行為，還會批評他，就開始覺得有人在裝針孔，覺得鄰居在照相、監視他，於是窗簾開始拉上，窗戶開始釘上，密不透風。這都發生在主人格與次人格之間的互動。

19-3

所有人都是來人間體驗，再怎麼好或不好都是生命體驗的一部分

（《個人實相》第七十九頁倒數第三行）「核心信念」就是我們據以建造人生的那些信念。重度憂鬱症病人在嚴重發病時，會聽到自責式的幻聽，像是：「你這個笨蛋，為什麼不去自殺？趕快跳，你現在再不死，以後就沒有機會了。」

為什麼這些人發病時會產生自責式幻聽？因為在他們成長過程裡，本來就有個很強的核心信念：「我不夠好。」很多人從小到大都曾經產生過這個核心信念，小時候第一次月考出來考第三十名，本來還很高興，覺得三是好數字，回到家爸媽一看說：「喔！三十名。」那個表情、聲音就讓孩子覺得：「原來我不夠好，比不上別人。」或是一位優秀的田徑選手，在一次比賽失敗後，看著其他人在台上領獎，內心升起一股很強烈的感覺：「原來我不夠好。」

我們的社會教育孩子的方式叫「成王敗寇」，輸就代表沒有用。跟兄弟姐妹比起來，自己是最讓父母操心的那一個；跟高中、大學同學比起來，自己可能是成就很差的那一個，覺得「為什麼人家賺那麼多錢，而我卻負債累累？」有太多的東西會讓我們建立起「我不夠好」的核心信念。說實話，這也是憂鬱症真正的根源。

我希望大家打破這個信念，重新建立一個新信念：「我夠好到縱使有那些不好，都沒有關係。」從賽斯的理念來看，所有人都是來人間體驗的，再怎麼好或不好，都是生命體驗的一部分，失敗的人可以自我解嘲：「我怎麼把婚姻經營得這麼失敗？失敗得這麼有特色，真的很不容易！」或是：「我怎麼把這幅人生失敗圖，畫得那麼逼真、那麼美？真令人讚嘆！」

換個角度看生命，我們都是在經驗人生，創造出失敗有時候是生命中最成功的事，因為掉到最後一名才可以拿到最大進步獎。像是跑步時多落後一點，在第二圈就可以營造出領先的假象。

若想認識自己的意念和信念，必須拿掉眼罩，漫步其中

我們必須有意識地知覺到核心信念的存在。像有位學員就開始知覺到，內在常常有一個自己會自我譴責，認為自己做得不夠好。我們都要檢視自己內心是否會出現這個聲音。除非我們對意識心的內涵開始有所覺察，否則會看不到內在的世界。

想認識我們自己的意念和信念，我們必須拿掉眼罩，漫步其中。漫步於我們內在潛意識的世界，張開眼睛往內開始看自己，看看內心是否常有很多的批判、自責？是不是從小就覺得人生下來就是要受苦？

比如說，我今天問一個病人說：「你怎麼看你自己？」他說：「人性本惡，所以我是惡的。」我說：「你為什麼覺得你是惡的？」他說：「因為我會想女人，想撫摸女人的肉體。」我說：「那很好啊！想撫摸女人的肉體，代表你有一種想要跟別人更親近的心，想跟別人建立更深的親密互動。去找一個彼此互有好感的女人，兩情相悅，就沒問題了呀！這怎麼會代表你的人性本惡呢？當然代表你的人性本善呀，因為你天性本善，才會想跟另一個人靠近，撫摸她的肉體，如果你爸爸沒有摸你媽媽，怎麼會生下你？」我們很

多的思考邏輯會覺得人性本惡，其實不然。

我們必須看透自己創造的那些結構，我們把經驗集結於其上的那些組織好的意念。很多心靈的本質和內在的潛意識，藏著很多我們沒有面對的意念，包括對自我的意念、對世界的看法。想看清楚我們自己的心，首先必須拆散我們的思想結構，跟著思想走但不要加以批判，也不要拿它們與我們的信念架構作比較。

19-4

面對了內心真實的感受，就能將強迫思想整合在健康人格裡

最近有個個案告訴我，她看到刀子會害怕，一看到刀子，下一個畫面是那把刀子會出現在別人身上，她很怕自己拿刀子去砍人。她還說很害怕自己，因為她現在一看到人，會突然想扭斷對方的頭。後來她到慈濟去當義工，看能不能積點功德，削弱自己這種強迫式思考。

如果這個病人到廟裡，廟公會告訴她：「那個想把別人的頭扭斷的人不是妳，是妳內在的另一個人，可能是冤親債主或另一個魔，妳已經被外魔入侵了，那個魔想透過妳來行惡。」如果是從西方心理學的觀點，會提到人的潛意識裡有很多的暴力攻擊，因為人的基因本來就是生存競爭，所以暴力攻擊是出於生物本能。

還好她是來找我，我幫她做過心理治療，瞭解她的背景。我說：「因為之前妳開店被倒帳，欠了一百多萬，婆婆不幫妳還，目前連本帶利累積到兩百多萬。妳非常渴望人家幫忙，卻沒得到，現在債務越來越多，所以開始對世界產生恨。看到別人過得比妳好，就心生嫉妒，怨恨這個世界在妳痛苦時袖手旁觀。我完全瞭解妳的痛苦，如果我是妳，不只想把別人的頭扭下來，還想把他的心臟挖出來，切成八塊下酒喝。這不是妳的問題，在這種狀況下，每個人都會不平衡，人性嘛！不平衡想殺人是很正常的事。」這叫同理而不同意，我不是同意她去殺人，而是同理她想殺人的衝動和強迫思想。

如果她是非常虔誠的佛教徒、天主教徒，或是道德感很強的人，會說：「許醫師，我沒有殺人的衝動，我婆婆不幫我還錢，是因為她沒有義務這麼做啊！」要是聽到這些話，我就不知道怎麼醫治下去了，因為她表面已經有個結構好的自我，不能接受裡面那個怨恨、嫉妒、不平的自己，無法坦誠自我面對，這樣的人會一直告訴自己：「其實那不是我，我不能有這些情緒。」

幸好這位個案不是這樣，她接受了我的同理，她說：「對，那時候我真的很氣我婆婆，她明明有好幾千萬，就是不幫我們。」這些憤怒經過引導和同理後，慢慢有了出口，那些強迫思想就沒有了，已經整合在健康人格裡，沒有被排斥、否定。

我們在做心靈輔導的過程當中，要引導個案去面對內心真實的感受。什麼叫真實的感受？就是不帶批判的去看著這些思想，絕對不能為思想貼標籤，如果善惡觀太強會很麻煩。

我有個學生講了一句話很有意思，他說：「人生的悲劇在於想做乖孩子開始。」因為必須壓抑自己，一輩子只能做符合別人期望的人，表面上家庭美滿，內心卻很空虛。其實當一個人能做他自己，自然會當乖孩子，可是那個「乖」不是為了符合道德標準和框架的「乖」，而是很有力量的乖。

有時候我也想問各位：「到底你要的是什麼？現在所有的一切，是你想要的嗎？還是你應該承擔的？」請開始問自己這些問題。

19-5

信念影響經驗，每件事都是透過當事人的信念來詮釋

（《個人實相》第八十頁第五行）經系統化組織起來的信念，會收集並且留住我們的經驗，可以說，把我們的經驗「打包」起來；因此，當我們看到某一個彷彿與另一個經驗相似的經驗時，常常不予細察就把它納入我們同一個包裝好的系統裡。這種信念常藏著意外的驚奇；當我們揭開了某個信念的封皮時，可能會發現裡面藏著本來不在其範圍的可貴資料。

舉個例子，我輔導的一個個案從小認為爸爸不愛他，他會用這個信念詮釋爸爸做的每件事。例如爸爸給他十五萬，他會說：「他只是怕人家說閒話，只不過在補償我，又不是真的愛我。」他出了車禍，爸爸來看他，他會說：「爸爸不愛我，他只是順路到台北來，其實是要看孫子。」這種事情一天到晚在他的信念、經驗中發生。

核心信念就是磁鐵，我們很多的思想都會被吸引，像黑洞會吸納有重力的東西進去，外界發生的事都會經由信念來詮釋。假設這個個案得到腎臟病需要換腎，爸爸第一個說要給他，這時候他可能會崩潰，因為原本「爸爸不愛我」的信念受到挑戰，他會想；「爸爸真的不愛我嗎？那他為什麼要給我一顆腎臟？」

一旦「爸爸不愛我」的信念受到挑戰，他再回頭看從小到大的一切，會發現很多事情自己過去視而不見，像是突然想到三歲時，爸爸背著生病的他狂奔去找醫生。這些事情一直都在，只是被原來的信念壓住。信念的轉變常常是在我們心境轉折時，有時候信念一轉，馬上看到爸爸過去的好，體認到原來爸爸是愛自己的，可是過了三小時，感動完後，內心可能還會再征戰一番，懷疑剛剛的感覺是真的嗎？這時候就是兩種想法在調和了。

戀愛中的男女也經常在體驗這種感覺，男朋友早上送女朋友一個禮物，她就覺得他很愛她，想到他所有的好。一看到他跟別的女生聊天很愉快，就覺得他不愛她了，回想起所有不愉快的事件。

我們的信念深深影響著我們的經驗，發生的每件事都是透過當事人的信念來詮釋。以上述個案為例，信念尚未改變前，會覺得爸爸只是順路看孫子，只愛孫子不愛他。後來他建立起「爸爸愛我」的信念，才突然覺得原來爸爸真的是專程來看他的。等到有一天他的信念更健康，會變成：「就算是上來看孫子，順便看我，至少也表示他在乎我呀！」每個人在人際關係、親密關係等各個領域裡，常常被自己蒙蔽。

告訴自己「事情沒那麼糟，而且隨時都會好轉」，就能脫離絕望的深淵

在一個標準的核心信念周圍可能有「人造的意念群」，就像人造花一樣。一個核心信念周圍，會造出很多意念群，就像一顆很大的恆星，周圍會有引力系統，吸引很多行星在旁邊。每一個思想概念會影響另一個思想概念，而彼此之間也會環環相扣。

賽斯曾說，很多人在意識或潛意識的世界，不知不覺吸納了核心信念，這個核心信念產生時，周圍會建立很多哲學，讓原來的核心信念合理化。例如，以「人生是苦」為核心信念的人，也會認同「苦盡甘來」或「吃得苦中苦，方為人上人」這類想法。這些人看到《探索頻道》（Discovery）節目

裡的鮭魚，費盡千辛萬苦逆流而上產卵，可能會想：「你看，鮭魚要生育後代也得經歷這麼多痛苦，所以我在婚姻、親子關係上經歷的苦，與大自然的生物沒有兩樣。」

我們的信念常常存在著很多的合理化，在看東西、收集資料時，都會以原來的信念為出發點選擇性相信或選擇性詮釋。對這些既定的思考習慣已經習以為常，一點兒都不覺得奇怪。

以政治為例，喜歡總統的人，會覺得總統連放個屁都是香的，討厭總統的人，不管總統做的事情再怎麼對，都說別有居心，為了勝選不擇手段。一開始的立場，就決定了後續所有的觀察和資料收集。

人經常都是選擇性相信，像我最近在幫助一個香港的學生，我之前跟她說：「從今天開始，如果妳開始改變信念，認為老公是有用的男人，以他為榮，那麼爾後妳看到的都會是他很棒的那一面，他也會因為妳這樣看他而越來越棒。」

本來我上課上了兩年，她都不願意調整想法，她都說：「我老公本來就真的很沒用，你硬要我覺得他有用。」上次我去香港，她終於願意調整，她說：「我想清楚了，如果我最後的目標是希望他有用，就必須透過相信他有用，來幫助他變成真正有用的男人。」

今天有個媽媽也說：「許醫師，我的孩子一天到晚打電動，不念書，難道我就要放任他嗎？不該提醒他嗎？」我說：「這是兩回事。的確，他每天打電動不念書，可是妳有沒有發現自己投射出好多的擔心？這些擔心只會給他更多壓力，電動打得更凶。如果妳沒有去面對自己投射出來的擔心，等到妳兒子不打電動，開始用功念書了，接下來妳又會擔心他的健康。」

我們要看看自己投射出來的是什麼，而不是現狀是什麼。賽斯在魯柏生病時鼓勵他說：「事情沒那麼糟，而且隨時都會好轉。」請將這句話記在心裡，這輩子就不愁吃穿了，即使未來的人生碰到再大的困難，都會帶來莫大的安慰，可以拯救我們離開絕望的深淵。

假設有兩個同時墜樓的人，一個人一路尖叫，另一個人心想：「畢竟事情沒那麼糟嘛！現在才掉到八樓，還有機會，只是稍微比電梯快了一點而已。」我們可以說第二個人很阿Q，可是至少他在掉到一樓之前，還快樂了七樓。說不定剛好有輛垃圾車開過來，掉在垃圾車上面，就不會死了。

　　雖然這是很誇張的例子，可是我真的建議大家建立這樣的人生觀，縱使到最後一刻沒有垃圾車經過，起碼在死前不是悲慘的死，而是快樂的死，何況等一下也許還有轉機，誰知道呢？光是這樣的信念，就會幫大家度過生命中所有的困難。

19-6

核心信念常常會自動吸引其他類似的信念

（《個人實相》第八十頁倒數第七行）由於我們的習慣，所謂的選擇性相信，也由於核心信念本身的強度，核心信念常常會自動吸引其他類似的信念。相信「人生是苦」的人，就會吸引所有宣揚「人生是苦」的哲學家，更加強了自己原來的信念，最後深陷其中，深信不疑。

例如，以「全天下的男人都不是好東西」為核心信念的女人，會吸引到很多東西。如果她逛書店看到一本生物學的書，提到在非洲觀察黑猩猩，發現雄猩猩有暴力傾向，而人類與黑猩猩的基因有百分之九十九·九相似，所以男人打女人、家庭暴力、戰爭等行為都很合理。於是，這個女人會覺得自己又找到了「男人不是好東西」的證據。

重點是，抱持著這種核心信念的女人，這輩子的婚姻也永遠不會幸福。

就結果論來看，每一個靠近她的男人，不管之前好或不好，最後都一定會變得不好，因為信念創造實相。對方收到了她的心電感應，縱使他原本很想做得好，都會被影響，然後又更進一步佐證她原來的觀點。這時她會說：「你看，不是我相信，事實真的是如此。」

一般而言，信念會受到兩種東西持續加強：一個是與它同性質的信念，另一個是後來的親身經驗。這時候該怎麼辦？拿出大鐵錘把核心信念砸碎，不要猶豫，開始問自己：「男人真的不是好東西嗎？會不會這只是個信念，不是事實？會不會是因為我相信這個信念，所以才老是遇到騙財騙色的男人？」

再舉個例子，我今天跟我們院長談明年度的薪水，因為我們這裡是一年一聘。我剛去時，他就跟我炫耀：「你看人家皮膚科，剛來不久病人就那麼多；你看人家骨科，業績成長好快。」或說：「許醫師，你們身心科一直在賠錢，你的薪水都是我們其他醫生賺來養你的耶！你不值班，又沒有病房，如果想要更高的薪水，到別家醫院去呀！」

從之前跟他互動的過程中，我建立起對他的信念是：「當院長的是經營者，唯利是圖，只看業績。」可是這個信念一出來，我就告訴自己：「不行，人性本善。雖然院長看錢很重，但碰到我這麼好的醫生，他就不會把錢放在第一位。」說實話，在這麼多證據之下，要建立這個信念真的不容易。後來我寫了一封信給他，分享一些心情和感受，結果他就同意我要求的薪水計算新制度。

事件發生前每個人的潛意識層面早已參與其中，只是覺察度不夠

一件事情之所以浮到檯面上，有太多底下的因素在作用。事件尚未發生前，我們在思想、潛意識、能量的層面上，早就已經參與其中，只是大多數時候自己沒有覺察到，大家要開始擴大自己的覺察層面。

比如說，在場的學員會擔心，等會兒下課回到家，另一半可能會說：「妳上那什麼課？那麼晚回家，小孩的功課都不用顧了嗎？」要是心中有這種想法，要怎麼反制這些信念？可以讓對方知道：「我來這邊上課成長，我成長了，我們家就會跟著成長，對我們的孩子和你的事業都大有幫助。」

一旦產生了這個信念，坐在這裡上課心會安，回到家後，要是另一半真

的罵人，就不會因為愧疚、生氣、難過而起衝突，而是會很和緩地說：「我今天去上課很好，你看，我是因為愛你才去上這些課。」說完對方姿態就放軟了，這番話不是在敷衍對方，是之前早就開始覺察到這段對話，先做了心理建設，也想好如何反制。這是個內在思想的過程，真的是內心的功課。

再舉個例子，我這幾天牙痛得很厲害，這顆牙三、四年前補好了，可是裡面在痛。我昨天終於知道原因，因為我在懲罰自己。我在台北有三個長期輔導的癌症病人最近復發，我昨天看到了第三個，她是個二十七、八歲的年輕女生，兩年前得到卵巢癌，把一邊的卵巢和輸卵管拿掉，她兩個禮拜前開刀，發現大腸和小腸周圍又有一顆腫瘤，病理報告還沒出來，有八成的機會是淋巴癌。

我之前一直以為，我是因為想跟這些癌症病人同甘共苦，所以他們在受苦時我會跟著痛，後來我發現問題沒那麼簡單，我告訴自己：「我自詡為關心病人的醫生，我曾經是這些病人的希望，他們在接受我長期輔導後復發了，而我在哪裡？我居然在大陸和香港演講上課，我還有人性嗎？到底我是真的在乎他們，還是在乎我有沒有推廣理想？我是在乎他們還是在乎我個人的名聲？」於是我在潛意識裡懲罰自己。

在意識上明白這件事之後，我終於知道牙痛背後潛意識的理由。因為這顆牙已經是補好的，所以我選擇相信是我內在有個因子讓它痛，我認為只要面對了潛意識的衝突，瞭解背後的訊息，牙痛自然會消失。

藉由這個例子來告訴大家：所有的病痛後面，都有類似的靈魂掙扎，而自我懲罰是很常見的因子。其實我蠻狡猾，因為我知道牙痛不會死人，所以我沒有選擇失去手腳來懲罰自己，畢竟罪不至此。潛意識報復自己的方式也都很符合個人風格，每個人終究得回來面對自己。

第20講

20-1

流感在耶誕節前爆發，是因為人的內心對科學和宗教的假設起衝突

過去每年，美國的流感大都在耶誕節前一、兩週爆發，死亡人數約三萬五千人。之前台灣也進了很多的流感疫苗，我都宣稱自己會過敏，沒有去打。

我先解釋一下為什麼美國的流感多半發生在耶誕節之前，其中有個主因是耶誕節提醒了人內在生命的真理，也提醒了人內在直覺性的愛，甚至提醒了人類，一個建立在人性本質或具有基督精神的社會應該是什麼樣子。

耶誕節的氣氛很溫馨，耶誕就是耶穌誕生，本來是意味著人類意識的覺醒，開始追求內在的心靈。耶誕節是關於人存在本質的提醒，告訴了人們有個上帝存在，這個世界是上帝造的，人類是從亞當夏娃而來，即使有罪與罰，宇宙和生命都有意義。

可是這一切與科學截然不同，目前是科學昌明的時代，我們的生活無時無刻不被科學包圍。科學說宇宙是意外形成的，沒有造物主，宇宙大爆炸慢慢演變成地球，人類從變形蟲到猩猩一路演化而來，人類的祖先根本是隻阿米巴原蟲，科學否定了這個世界和人類存在的終極意義。

科學不談天堂、地獄，而天堂和地獄之所以存在，是因為有上帝造人，人死後進天堂或下地獄，沒有上帝就沒有死後的世界，科學說人一死，原子、分子就瓦解，肉體一燒掉，人的意識也不復存。

目前的人類比較相信科學，不相信宗教，因為科學告訴我們人可以登陸月球，而耶穌沒有登陸月球，我們身上的衣服、開的車子是科學創造的，不是上帝變的。一翻開報章雜誌，所見所聞盡是科學，小學課本介紹了科學、數學、地理，但是沒有宗教這門課。

科學把人當機器，否認人靈魂的本質和存在的價值

賽斯說過，人的內心必須相信生命、宇宙有意義，人的內心知道有造物主的存在，也知道人死掉只是離開肉體，生命死後猶存。每到耶誕節就提醒

了我們人是有靈魂的，靈魂會上天堂、下地獄，可是這與科學說的人死後灰飛煙滅大相逕庭，此時人的內心會爆發很大的矛盾衝突：到底生命是來自上帝的創造，還是宇宙意外的形成？人類到底是因為亞當和夏娃離開伊甸園，還是從猴子變來的？

大家可能會以為這些東西與己無關，其實這一切都已經深入很多人的潛意識了。比如說，一個讀理工的人，如果沒有特別的宗教信仰，就不會相信死後有生命，他相信人的情感、思考只不過是腦袋細胞的化學作用。

其他例子包括，精神科醫師說人之所以會得憂鬱症是因為大腦化學不平衡，以及過度強調飲食導致疾病的學派等，都是來自於科學論。把人當機器，加錯了油就會生病。否認人有靈魂、有自由意志、有信念、身體有排毒的能力，也否認了當我們建立好的信念，整個身心靈會完全改變，更否定了人透過自我覺察和自我學習，會提升內在的能量。

我們現在所有人的享受，都是來自於科學，但是科學徹底否認了人靈魂的本質，剝奪了人存在的價值，它給所有人一個觀念：身體是機器，哪裡壞了就換哪裡，心臟壞了就把心換掉，得憂鬱症是因為腦袋裡化學不平衡。科學把每個人都變成機器人，所以在科幻電影裡，最後人會變成機器人，人類世界會被機器人的世界取代，機器人沒有靈魂，沒有人性，有的是效率、功能、強大的力量，例如在《駭客任務》第三集的基努李維，試圖把機器人打敗，重新建立人類的世界。這意味著什麼？意味著人類的潛意識知道，現在的科學如果再進步下去，整個人性會慢慢為理性、科技所取代。人類其實在反抗科學論背後對人性的基本假設。

20-2

這個世界因為愛而存在，所有的物種彼此之間互助合作

接續上述的主題：為什麼世界各地的流行性感冒都在耶誕節前爆發？

科學論否認了死後有生命，相信死亡是一切的滅絕，認為生命來自意外，宇宙沒有造物主，沒有天堂地獄，也沒有意義，於是這個世界你爭我奪，就像達爾文提出的適者生存、不適者淘汰，要活下來就要打敗別人，不只打敗別人，還要打敗大自然，像恐龍後來無法打敗自然，沒辦法為自己做大衣保暖，就絕種了。

科學告訴我們，人類要活下來必須進行兩種任務：一種是打敗大自然，人定勝天，擊敗環境；另一種是擊敗同伴，贏過別人才能升官成功。這兩者有沒有違背耶穌的精神？違背內在靈魂真正的本質？

國父孫中山聽到達爾文的演化論很緊張，他不敢推翻達爾文，只說達

爾文的理論適用於大自然動物的世界，物種彼此競爭，也必須與環境競爭。但是國父說適者生存、不適者淘汰不適用於人類，我們要五族共和，互助合作，扶助弱小民族，這是人和禽獸的差異之處。可是很不幸地，孫中山的理論並沒有成為主流，後來興起的資本主義是弱肉強食，成王敗寇，大企業併購小企業。

我想孫中山不敢直接推翻達爾文，是因為他還沒看到賽斯書，否則他就會說：「達爾文說錯了，我們中華民國的立國精神是連物種之間都充滿愛的互助合作。」像西方國家因為推崇生存競爭，於是會去擊敗別人。

賽斯說靈魂真正的本質是愛，這個世界因為愛而存在，人跟人之間充滿了愛，人和大自然之間也是充滿了愛，大自然愛人類，人類也愛大自然，所有的物種彼此之間不是生存競爭，而是互助合作。

到地球上來的小孩子，內心知道有個一切萬有，像耶穌、佛陀、賽斯這樣發展得比較高的存在愛著自己，知道宇宙本身有意義、有智慧，他是來投胎，死後會再輪迴，不是從猴子演變而來，肉體不斷的輪迴學習為的是經驗，而靈魂永遠不會毀滅。

但是，這樣的孩子一出生就接受科學論理性的觀點，眼睛看到的世界和內心的世界落差很大，他們發現這群大人建立的科學世界，否定了人性的本質，否定了生命神聖的來源，也否定了人死後會繼續存在。原來人只不過是住在機器裡的化學物，必須與大自然及其他人競爭才能活下去，他看不到未來的希望，所以，美國流感死掉的多半是小孩子。

20-3

罹患憂鬱症是因為人生失去了意義，而非血清素不足

之前講過幻聽，今天來談憂鬱症。憂鬱症病人會興趣缺缺，沒有活力，不想起床，不想工作，不想跟朋友出去玩，食欲不振，負面思考。後來有一天我突然明白了為什麼他們什麼都不想做，因為一切都沒有意義，了無生趣。

舉例來說，如果一個媽媽跟先生離婚，自己帶著兩個活潑可愛的小孩，有一天載孩子上學途中發生車禍，兩個孩子當場死亡。後來這個媽媽得到了憂鬱症，食欲不振，有自殺意念，不想出門，失去興趣，猶豫不決，醫生跟她說：「根據科學研究，妳之所以得到憂鬱症，是因為大腦化學失去平衡，那是一種叫做血清素的東西不夠，我們開一種藥給妳吃，讓血清素上升，妳就不會得到憂鬱症了。」這實在是睜著眼睛說瞎話。

如果我是那個媽媽，我很清楚自己為什麼食欲不振：「孩子死了，我生命的重心不見了，我傷心難過不想活了。之前我買菜、學拼布，是因為想跟孩子分享，現在我覺得做這些事都沒有意義，才得到憂鬱症。你竟然告訴我，我沒有精力是腦袋化學失去平衡！我又不是機器人，潤滑油一加我就跑！」

這種說法就像我打某甲一巴掌，他說很痛，我回說那是因為他腦內啡分泌不足的結果，如果腦內啡多分泌一點，就不會那麼痛了。實在很荒謬！

一個什麼都不想做的憂鬱症病人來找我，我會知道他遭遇了什麼，他的心和對生命的感受被剝奪了，找不到生命的意義，不知道接下來該為何而奮鬥，那不叫做病。可是現代醫學會說：「因為他缺乏血清素，才會什麼都不想做，只要增加憂鬱症病人的血清素濃度，就可以降低自殺率。」真是大錯特錯。那些想自殺的人不是缺乏血清素，而是遇到很大的難關，不知道怎麼面對，太痛苦了，找不到活下去的理由。

我明白憂鬱症為什麼會變成三大疾病中主要的一個，因為科學告訴我們：「生命來自意外的形成，生命的本質沒有意義，為了存活可以不擇手段。」

大家都知道美國是個偉大的國家，對人尊重，產生很好的民主制度。但是美國的立國精神也被科學化了，科學化的結果就是生命來自意外，為了生存必須去奪取資源。為什麼美國後來會對伊拉克發動戰爭？因為想要石油，誰有石油就活得下去，一個國家沒有石油馬上垮掉。全世界的石油量慢慢在減少，所以美國元首為了讓國家永續經營，先下手為強，為人民的生存謀福利。

這些都是科學的思維，因為科學說大自然也是如此，為了生存可以不擇手段，大自然是殘酷的，這句話後來變成了現實是殘酷的，所以整個人類社會變成殘酷的。我們現在大多數人對社會的看法是「有錢就好了」，我還曾看到一個股市名人說：「股市就是詐賭。」這個社會就是金錢至上，彷彿為了生存、為了金錢，可以不擇手段，這也是科學的精神。

這些東西與人類內心的本質相違背，請大家捫心自問：「喜歡這樣的人性、喜歡看到這類社會新聞嗎？」孩子送到學校去就是被比較，好學生才會受到重視，人活下來就得生存競爭。這種生存競爭的哲學與賽斯、基督講的截然不同，基督講的是：「人若要生存，彼此間要互相合作，而且必須與大自然合作，讓整個人類社會充滿了愛，不是自私自利。」

而科學家又說，自私自利是人的基因和本性，因為人是從猴子變來的，猴子是從大自然來的，大自然生存競爭，所以人生存競爭只不過是在完成生命的自然過程。科學家把人的自私自利歸咎於基因，可是人內心的愛到哪裡去了？人天生同情可憐的人，想要幫助可憐的人，想去跟其他人分享，在科學論點下這些東西都蕩然無存。

20-4

目前全世界憂鬱症之所以盛行，與科學背後的假設息息相關

回到主題，耶誕節是個代表心靈的節日，代表了人存在的本質和意義，在耶誕節前夕，人的靈魂和內心會爆發劇烈的衝突，引發內心的無力感和絕望，無力和絕望的人會吸引流感病毒，讓自己的免疫力下降而被病毒殺害。醫學界不知道死於流感的人並不是死於病毒，是死於內心意識的無力感和絕望。賽斯說過，醫學界從來沒有發明一種打了會讓人產生希望和求生意志的預防針，只是把一些病毒打進身體，讓人產生免疫力。

目前的科學觀認為，人來自冷冰冰且無情的宇宙，月球就是月球，地球就是地球，這個世界沒有神，人孤單地活著，一切都是生存競爭，人跟大自然競爭、跟野獸競爭、也跟人競爭。科學儼然成為現在的主要宗教。另一種世界觀是有個充滿愛、智慧和慈悲的造物主，創造了萬物，賦予人類生命，不管我們呱呱墜地或垂垂老矣，都會呵護我們。等我們離開肉體生活後，會到另一個世界去。

這兩套世界觀截然不同，現在大多數人活在前一套信念，像科幻片到最後只剩下冰冷的機器世界，沒有一個慈愛的神降臨到人間，告訴人類說：「我是神，宇宙萬物都是我的愛和慈悲的化身，你們的靈魂都由我來看顧。」

所以大多數人活在冰冷的世界，感覺不到生命受到祝福、恩寵，只要婚姻、事業不順利，馬上陷入憂鬱症，覺得生命沒有意義，因為現在人的生命意義太容易失去了。

在以前，一個喪子的媽媽會想：「上帝把我的孩子奪走，一定有祂的目的和理由。雖然孩子離開我了，可是他繼續存在。」這個媽媽會難過，但不會得到憂鬱症，因為她知道這一切都有意義，她會為了某個意義再奮鬥下去，她相信孩子只是為了某些理由暫時離開，有一天會再見到她的孩子。

若是同樣的事情發生在信奉科學的媽媽身上，會想：「我的孩子已經完全毀滅，不存在了，只因為有個人酒後駕車，就奪走了孩子的命，他為什麼要死？」孩子的死亡沒有了意義，請問這個媽媽會不會得憂鬱症？會。

我們這個世界之所以會產生憂鬱症，跟科學脫不了關係，因為科學說生命的本質來自無意義的意外，生命只有一個最崇高的目的：「存在，而找尋食物、交配都只是為了存在。」對人而言，存在就能滿足了嗎？不能，人還想得到愛，想去愛和被愛，想去實現生命的價值。

越覺得生命有意義的人，能量會越多

我在講這些內容時，心裡蠻難過，因為有太多人已經找不到生命的意義，只要生命中突然有個風吹草動，立刻陷入憂鬱症，不知道自己要為什麼而奮鬥。以前的人生命很有意義，不管生命再怎麼悲慘，活著就是為了要榮耀上帝。如何榮耀上帝呢？去愛人和幫助人。

請大家想想看，自己是為了什麼而活著？生命的意義是建築在什麼基礎上面？是為了讓孩子受良好的教育嗎？還是為了賺很多錢讓父母頤養終年？很多人把生命的意義建築在流沙上面，所謂流沙就是隨時會改變，如果我生存的目的是為了讓父母過好日子，一旦我再怎麼努力他們都沒辦法過好日子，我還會覺得我的生命有意義嗎？不會，我會難過痛苦，覺得自己是沒用的兒子。

因為我本來界定我生命的意義是讓父母過好日子，我沒有做到，在這種情況下，就失去這個意義的來源，得到憂鬱症。可是如果我做到了，讓父母將來能過好日子，意義達到了，那接下來呢？找不到下一階段生命意義的人，也會得憂鬱症喔！所以憂鬱症分兩種：一種是達不到目標，得到憂鬱症，另一種是目標達到了之後，接下來做什麼事都沒意思。在上述的例子裡，或許我接下來的生命意義，是讓很多人的父母都能過好日子，為自己的生命重新找到意義。

請大家一定要去思考，自己是把生命意義建築在穩固的地方？還是隨時會流動的地方？這攸關我們生命能量的來源，一個人必須覺得自己的生命有意義，才會有能量。憂鬱症的人不是沒有能量，可是對他而言，生命沒有意義，他已經不需要使用那麼多能量了。

人的生命能量會隨著自己是否過著有意義的生活而增減，覺得生命越有意義的人，能量就越高。假設有個太太的生命意義是擊敗第三者，奪回先生，那時候的她能量最高，動力最強，精力充沛，半夜熬夜都不累，因為她活得很有意義。可是接下來呢？

我希望大家開始問自己：「你存在的意義是什麼？」也許有人是組織美滿家庭，傳宗接代，看著下一代平安長大。

20-5

很多的答案和知識不假外求，可以從意識心而來

（《個人實相》第八十一頁第一行）通常當我們看進我們的意識心時，總懷有一個目的，想找到一些資料。但若我們把自己教得不再相信我們可以有意識地知道這種資料，那麼，我們就不會想到在意識心裡去找它。更有甚者，如果所有在我們意識中的資料，全部牢牢地結合在某個核心信念周圍，我們便會自動對那些與之無關的經驗視而不見。

賽斯強調，人的內在天生就有一個知曉者，意思是說，很多事情我們內心都知道答案，我們知道的遠比我們以為自己知道的還要多。很多事情我們不是不明白，只是還不明白，內心其實都有資料，而且冥冥之中有一種直覺的本能，會知道別人真的要表達什麼或一件事的來龍去脈。

基本上，這種學習理論打破了一般科學的認知。在科學理論裡，認為學習只能由外而來，但是賽斯提到，真正由外而來的學習占少數，大部分的學習都可以透過覺察自己的意識心，甚至還可以收到來自潛意識更深層的訊息。在我們這個科學時代裡，不明白很多的幻聽是從潛意識來的訊息，不承認幻聽的合法地位，有幻聽的人就叫做精神病，被送進精神病院。

很多的答案、知識可以從意識心而來，意識心又可以收到更深的無意識的知識，包括整個地球的過去、現在與未來，例如宇宙怎麼來的？自己的前世是誰？地球的上一個文明是什麼？臺灣有多少個斷層帶？理論上來講，如果學會開發自己的潛意識，就可以知道關於地震的所有資訊，這些資訊絕對不在地震研究所裡，也絕對比地震研究所更精準。

很多東西我們不是不知道，只是無法在現實世界處理，例如跟死去的親人對話，這件事在現實生活無法實質溝通，得運用更廣大的潛意識領域達到溝通。日常生活是來自夢的世界，夢的世界先發生，現實世界才發生，夢的世界是主，醒時世界是輔。在夢裡的溝通其實比現實生活的溝通更有效，因為夢的溝通是直接通過潛意識，所以有時候我們在夢境或心電感應的層面上去鼓勵一個人，遠比語言的溝通更重要。

而有時候，我們在語言上看起來是在鼓勵一個人，可是潛意識並非如此，我們的潛意識是希望他越糟越好。比如說，甲同學考得很好，乙同學嘴巴上說：「你好棒呀！」但是心裡想的是：「我看你威風到什麼時候！」真正的溝通層面是內心的聲音，語言上說得再漂亮都沒有用。

20-6

我們都是活在信念的結構體，而非事實的結構體

賽斯說，很多東西我們的內心不是不知道，而是我們不知道自己的內心有答案。禪宗的修行或很多神秘學理論都會說：「唯一的答案是在自己心中。」一像有時候我們在問別人問題時，心中早就有答案了，只是那個答案可能是自以為是的答案，不是探索自己的潛意識後，浮出來的答案。我們習慣向外找答案，去翻書找答案，而不習慣自己靜心、冥想、內觀，從自己的內心浮出答案。問別人問題永遠得不到答案，真正的答案只會從內心浮現。

（《個人實相》第八十一頁第五行）只有在我們把核心信念當作「生命的一個事實」，而非「對生命的一個信念」時，我們才看不見它；只有當我們如此全然地與那個信念認同，而被它牽著鼻子走時，我們才看不見它。

科學家認為人類和萬物的生命是來自原子、分子的意外碰撞，他們會

認為這是個信念還是事實？事實，科學家不會說這是科學的信念。像達爾文說，人類的物種起源是來自猿猴演化，他會說這是事實，不是信念。可是我們沒有發現我們都是活在信念的結構體，而非事實的結構體，我們沒有看穿這些信念。

目前人類都被集體的信念所催眠，例如很多人都相信人只有一世，不會轉世。那麼他們會在意識心裡找到轉世的證據嗎？不會，因為那違背了他們的信念。在信念的作用下，人只會看到自己想看到的，相信自己想相信的，其他與自己信念不符合的就完全看不見了。比如說，如果太太相信先生是壞男人，所有他對她的好，她絕對看不到。直到有一天，她願意相信其實他不見得是壞男人時，才看得到他的好。

信念有兩個作用：一個是幫助我們創造想要的實相；另一個是幫助我們看到自己想看到的。可是大多數人後來被自己的信念蒙蔽，困在自己的實相裡，看不到其他應該看到的東西。

信念就是一個人的生命藍圖，以作為每天生活的依據

賽斯舉一個核心信念：「我是個負責的母親。」從表面上看來，這個信念沒有什麼不對。在這個信念下，她會注重孩子的身心發展，關注他們的睡眠、飲食、功課，這個信念幫她創造出「我是個負責的母親」的實相。每個人都會按照自己的信念創造實相，比如說，我有個信念是要把賽斯學院建設起來，運用賽斯資料啟發更多人，姑且不管這個信念對不對，我都會按照信念創造實相。

這個媽媽是個負責任的母親，她的信念只會讓她看到與「負責的母親」相關的資訊，比如說《嬰兒與母親》雜誌或親子教育書籍，她不會去看《少年維特的煩惱》或《羅密歐與茱莉葉》。

我們的一言一行背後都代表一個信念，例如最近想買車子的人，走在路上會特別注意車子，想買房子的人那段時間會觀察房子，想交男朋友的人會留意男人。有位學員每天早上五點半起床去跑操場，他背後的信念是什麼？健康活力、規律的生活，人不能懶惰，要活就要動，不動就不會健康。

我們可以從一個人的每句話、關注的焦點、生活習慣，來分析他背後的

信念。同樣是走在巷子裡，如果是研究風水的人，會觀察風水好不好，如果是在乎自己人身安全的人，會先沙盤推演歹徒能從哪裡衝出來。

信念就是一個人的生命藍圖，以作為每天生活的依據，非常重要。基本上，信念就是思想，思想分成中心信仰和胡思亂想。所謂核心信念就是這個人生命的信仰，有些人覺得人生最重要的是錢，有些女人覺得人生幸福的關鍵在於找對男人。信念無分對錯，只是施工藍圖，如果一個女人堅信一生的幸福在於找對男人，她就會根據這張藍圖去施工。首先，她會讓自己成為有吸引力的女人；其次，她知道要找哪種男人。

想像我們每個人是皮影戲裡的玩偶，後面都有一條線，那條線不是命運設的，而是自己植入的信念，每個信念都會進入意識心，在無形當中操控著自己。比如說，某乙走過一條街道，不自覺地一直在看房屋廣告，這是命運嗎？還是潛意識在操控他？潛意識是哪裡來的？因為他在一個月前起了想換房子的念頭。

操控我們的並不是命運，而是自己之前設定好的潛意識，只是現在忘記了。比如說，有個女人小時候被性侵，她設定了一個程式：男人很危險，要遠離男人。這麼多年來那個程式確實保護了她，可是到了三十歲，她看到男人都想躲，那個程式有沒有害她了？有，但她已經找不到根源了，因為這個她之前灌進去的古老程式沒有刪掉。我們的潛意識裡有很多古老的程式一直在執行，沒有重新設定，種種信念都會創造出實相。

愛的推廣辦法

看完這本書，是否激盪出您內心世界的漣漪？

如果您喜歡我們的出版品，願意贊助給更多朋友們閱讀，下列方式建議給您：

1. 訂購出版品：如果您願意訂購一千本（印刷的最低印量）以上，我們將很樂意以商品「愛的推廣價」（原售價之65折）回饋給您。

2. 贊助行銷推廣費用：如果您認同賽斯文化的理念，願意贊助行銷推廣費用支持我們經營事業，金額達萬元以上者，我們將在下一本新書另闢專頁，標上您的大名以示感謝（每達一萬元以一名稱為限）。

請連絡賽斯文化或財團法人新時代賽斯教育基金會各地分處，我們將盡快為您處理。

● 愛的連絡處

如果您認同本書的觀念及內容，想要接受我們的協助；如果您十分認同本書的理念，想依循本書的觀念成為一位助人者的角色；如果您樂見本書理念的推廣，而願意提供精神及實質的協助；請與財團法人新時代賽斯教育基金會各地分處連繫：

●總管理處　電話：02-89789260
E-mail: ho.ad@seth.org.tw
新北市新店區中央五街四十六號二樓

●新店辦事處　電話：02-22197211
E-mail: xindian@seth.org.tw
新北市新店區中央五街四十六號一樓

●台中教育中心　電話：04-22364612　傳真：04-22366503
E-mail: edu10731@seth.org.tw
台中市北區崇德路一段六三一號A棟十樓之一

●台北辦事處　電話：02-25420855
E-mail: taipei@seth.org.tw
台北市中山區長安東路二段四十九號六樓

●新北辦事處　電話：02-26791780
E-mail: xinpei@seth.org.tw
新北市樹林區柑園里學成路四九五號

●嘉義辦事處　電話：05-2754886
E-mail: Chiayi@seth.org.tw
嘉義市民權路九〇號二樓

●台南辦事處　電話：06-2134563
E-mail: tainan@seth.org.tw
台南市中西區開山路二四五號十樓

●高雄辦事處　電話：07-5509312　傳真：07-5509313
E-mail: kaohsiung@seth.org.tw
高雄市左營區明華一路二二一號四樓

●屏東辦事處　電話：08-7212028　傳真：08-7214703
E-mail: pintong@seth.org.tw
屏東市廣東路一二〇巷二號

●賽斯村　電話：03-8764797　傳真：03-8764317
E-mail: sethvillage@seth.org.tw
花蓮縣鳳林鎮鳳凰路三〇〇號

●賽斯ＴＶ　電話：02-28559060
E-mail: sethtv@seth.org.tw
新北市新店區北新路一段二九三號七樓之三

●香港聯絡處　電話：009-852-2398-9810
E-mail: Enquiry@hkseth.com
香港九龍旺角花園街一二一號利興大樓5字樓D室

●深圳市麥田心靈文化產業有限公司　許添盛微信訂閱號：SETH-CN　微信：chinaseth　電話：86-15712153855

●新加坡　新加坡賽斯基金會籌備處　電話：86995765　E-mail: andelynoh@gmail.co

●馬來西亞　賽斯學苑　電話：012-250-7384　E-mail: sethlgm@gmail.com

●澳洲　澳洲賽斯身心靈協會　電話：006-432192377　E-mail: ausethassociation@gmail.com

●台灣身心靈全人健康醫學學會　電話：02-22193379　傳真：02-22197106
E-mail: tshm2075@gmail.com
新北市新店區中央七街二六號四樓

賽斯文化

遇見賽斯　每天的生活，都是靈魂的精心創造　You create your own reality

賽斯文化網 www.sethtaiwan.com 改版上線新氣象　提供好康與便利

優質身心靈網路書店

- 睽違許久的賽斯文化網，爲了提供更方便與完善的服務，終於以嶄新面貌重現江湖囉！電子報亦同時重新改版發行。而賽斯文化電子報，除了繼續每月爲網站會員帶來剛出爐的新書新品訊息，讓大家能以最迅速的方式獲得賽斯心法以及身心靈修行的第一手資訊外，更將增闢讀者投稿專欄，讓大家能共同分享彼此的學習心得與動人的生命故事。
- 只要上網註冊會員，登錄成功後，立即獲贈100點購物點數，購買商品亦可獲贈點數，點數可折抵消費金額使用。另有各種不定期的優惠方案、套裝系列及精美紀念品贈送等活動，如此優惠的價格與好康，只有在賽斯文化網才有，大家千萬不要錯過了！

五大優點最佳選擇

● 優惠好康盡掌握

網站定期推出最新的獨賣優惠方案及套裝系列，可獲最多、最新好康。

● 系列種類最齊全

最齊全的賽斯心法與許醫師作品系列各類出版品，完整不遺漏。

● 點數累積更划算

加入會員贈點，每項出版品亦可依價格獲贈累積點數，可折抵購物金額，享有最多優惠。

● 最新訊息零距離

每月電子報定期出刊，掌握最即時的新品、優惠訊息與書摘、讀書會摘要等好文分享。

● 上網購物最便捷

線上刷卡、網路ATM等多元付款方式與宅配到府服務，輕鬆又便利。

優質的身心靈網路書店，結合五大優點，是您的最佳選擇。
賽斯文化網址：http://www.sethtaiwan.com/
想接收更多即時的最新消息與分享，歡迎上賽斯文化FB粉絲專頁按讚。

百萬CD
千萬愛心

請加入賽斯文化　百萬CD推廣行列

自2006年10月啟動「百萬CD，千萬愛心」專案至今，CD發行數量已近百萬片。這一系列百萬CD，由許添盛醫師主講，旨在推廣「賽斯身心靈整體健康觀」，所造成的影響極其深遠。來自香港、馬來西亞、美國、加拿大、台灣等地的贊助者，協助印製「百萬CD」，熱情參與的程度，如同蝴蝶效應一般，將賽斯心法送到全世界各個不同角落——隨著百萬CD傳遞出去的愛心與支持力量，豈止千萬？賽斯文化於2008年1月起，加入印製「百萬CD」的行列。若您願意支持賽斯文化印製CD，請加入我們的贊助推廣計畫！

百萬CD目錄

（共九輯，更多許醫師精彩演說將陸續發行）

1. 創造健康喜悅的身心靈
2. 化解生命的無力感
3. 身心失調的心靈妙方（台語版）
4. 情緒的真面目
5. 人生大戲，出入自在
6. 啟動男人的心靈成長
7. 許你一個心安
8. 老年也是黃金歲月
9. 用心醫病

贊助辦法

在廠商的支持下，百萬CD以優於市場的價格來製作，每片製作成本10元，單次發印量為1000片，若您贊助1000片，可選擇將大名印在CD圓標上；不足1000片者，可自由捐款贊助。

您的贊助金額，請劃撥以下帳戶，並註明「贊助百萬CD」。
賽斯文化將為您開立發票，並請於劃撥後來電確認。
郵局劃撥：50044421 賽斯文化事業有限公司　　聯絡方式：02-22196629分機18

賽斯文化 特約點

台北	佛化人生	台北市羅斯福路三段325號6樓之4	02-23632489
	政大書城台大店	台北市羅斯福路三段301號B1	02-33653118
	水準書局	台北市浦城街1號	02-23645726
中壢	墊腳石中壢店	桃園縣中壢市中正路89號	03-4228851
台中	唯讀書局	台中市北區館前路5號	04-23282380
斗六	新世紀書局	雲林縣斗六市慶生路91號	05-5326207
嘉義	鴻圖書店	嘉義市中山路370號	05-2232080
台南	金典書局	台南市前鋒路143號	06-2742711 ext.13
高雄	明儀圖書	高雄市三民區明福街2號	07-3435387
高雄	鳳山大書城	高雄縣鳳山市中山路138號B1	07-7432143
高雄	青年書局	高雄市青年一路141號	07-3324910

依爾達 特約點

台北	SMOR GAFE	台北市中山區吉林路299巷6號1樓	02-25860080
	食在自在Spaco Café	台北市大安區羅斯福路二段101巷10號	02-23632178
桃園	大湳鴻安藥局	桃園縣八德市介壽路二段368號	03-3669908
	彭春櫻讀書會	桃園縣楊梅市金山街131號7樓	0919-191494
新竹	新竹曼君的店	新竹市東南街96巷46號	035-255003
台中	賽斯興大讀書會	台中市永南街81號	0932-966251
彰化	欣蓮欣香香鍋	彰化縣大村鄉福興村學府路32號	0912-541881
台南	賽斯生活花園	台南市安南區慈安路205號	06-2560226
高雄	天然園	高雄市林園區林園北路264號	07-6450406
花蓮	海蒂斯民宿	花蓮縣吉安鄉東海15街80巷19弄40號	0981-855-566
美國	北加州賽斯人	sethbayareagroup@gmail.com	
馬來西亞	賽斯學苑	sethlgm@gmail.com	009-60122507384
	沙登賽斯推廣中心	pc.choo8@yahoo.com	009-0122292686
	賽斯舞台	sethjblibrary@gmail.com	009-6013-7708111
	檳城賽斯推廣中心	SethPenang@gmail.com	009-60194722938
新加坡	新加坡心聚點	queeniechen83@hotmail.com	009-6590921515
大陸	江蘇無錫讀書會	wangxywx@126.com	13952475572

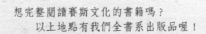

回到心靈的故鄉——賽斯村工作坊

許醫師工作坊

在賽斯村，每月第三個星期六、日，由許醫師帶領的工作坊及公益講座，所有學員不斷的向內探索自己，找到內在的力量，面對及穿越生命的恐懼、困難與疾病，重新邁向喜悅、幸福、健康的生命旅程。

療癒靜心營

賽斯村精心安排的療癒靜心營，主要目的是將賽斯資料落實在生活裡，由痊癒的癌友分享他們療癒的經驗，並藉由心靈探索、團體分享等各種課程，以及不同的生活體驗，來協助每位學員或癌友成長、轉化及療癒。

賽斯村是一個靜心的好地方，尚有其他許多老師的課程可提供大家學習。歡迎大家前來出差、旅遊、學習、考察兼玩耍，一起回到心靈的故鄉。

賽斯村
•鳳凰山莊•

地址：花蓮縣鳳林鎮鳳凰路300號
電話：03-8764797
所有課程詳見賽斯村網站：www.sethvillage.org.tw

心靈的殿堂　賽斯學院
需要您慷慨解囊　一起播下愛的種子

賽斯鼓勵每一個人都應該去建立內在的「心靈城市」...

賽斯村就是賽斯家族內在的「心靈城市」，就是心中的桃花源，就是我們心靈的故鄉。

在這裡沒有批判，沒有競爭，沒有比較，充滿智慧，每個生病的人來到這裡就能得以療癒，每個失去快樂的人來到這裡就能重獲喜悅，每個生命困頓的人來到這裡就能找到內在的力量，重新創造健康、富足、喜悅、平安的生命品質。

「賽斯村-賽斯學院」由蔡百祐先生捐贈，從心中藍圖到落實為一磚一瓦的具體建築，民國103年第一期工程「魯柏館」及「約瑟館」終於竣工；在這段篳路藍縷的興建過程中，非常感謝長久以來各方的贊助與支持，「賽斯學院的建設計畫」才能順利進行。

第二期工程「賽斯大講堂」即將動工，預估工程款約三仟萬，期盼您的持續贊助與支持~~竭誠感謝您的捐款，將能幫助更多身心困頓的人找回生命的力量！

服務項目

◎住宿 ◎露營 ◎簡餐 ◎下午茶 ◎身心靈整體健康觀講座 ◎身心靈成長工作坊
◎賽斯資料課程及讀書會 ◎個別心靈對話 ◎全球視訊課程連線
◎企業團體教育訓練 ◎社會服務

捐款方式

一、匯款帳號：006-03-500435-0　　銀行：國泰世華銀行 台中分行
戶名：財團法人新時代賽斯教育基金會

二、凡捐款三仟元以上，即贈送「賽斯家族會員卡」一張，以茲感謝。
（持賽斯家族卡至賽斯村住宿及在基金會各分處購買書籍書、ＣＤ皆享有優惠）

地址：花蓮縣鳳林鎮鳳凰路300號　　電話：(03)8764-797
http：//www.sethvillage.org.tw　　Mail：sethvillage@seth.org.tw

國家圖書館出版品預行編目(CIP)資料

信念：《個人實相的本質》 讀書會. 2 / 許
添盛主講；李宜懃文字整理. -- 初版. --
新北市：賽斯文化, 2019.04
面； 公分. --（賽斯心法：6）
ISBN 978-986-97130-5-4（平裝）

1.超心理學 2.讀書會

175.9 108003088

每天的生活，都是靈魂的精心創造

You create your own reality.